精准表达

"

墨墨 / 著

煤炭工业出版社

·北 京·

图书在版编目（CIP）数据

精准表达／墨墨著．－－北京：煤炭工业出版社，
2019

ISBN 978－7－5020－7133－2

Ⅰ.①精… Ⅱ.①墨… Ⅲ.①口才学—通俗读物
Ⅳ.①H019－49

中国版本图书馆 CIP 数据核字（2019）第 022616 号

精准表达

著　　者	墨　墨
责任编辑	高红勤
封面设计	程芳庆

出版发行　煤炭工业出版社（北京市朝阳区芍药居 35 号　100029）
电　　话　010－84657898（总编室）　010－84657880（读者服务部）
网　　址　www.cciph.com.cn
印　　刷　北京铭传印刷有限公司
经　　销　全国新华书店

开　　本　880mm×1230mm¹/₃₂　印张　6　字数　180 千字
版　　次　2019 年 3 月第 1 版　2019 年 3 月第 1 次印刷
社内编号　20181174　　　　定价　29.80 元

前言

现实生活中的每个人都希望得到成功的事业与和睦的家庭，也都期盼着甜蜜的爱情和个人价值的实现，这些不但与个人的努力奋斗有关，更与良好的人际关系密不可分。那么该如何维持良好的人际关系呢？这就需要我们做到两点，那就是洞悉人心的能力和高超的说话技巧。

语言的力量在人们的生活中非常重要，海涅曾这样说道："言语之力，大到可以从坟墓唤醒死人，可以把生者活埋，把侏儒变成巨无霸，把巨无霸彻底打垮。"有时候，一句话能够影响到一场误会是否能得到消解，一次演讲是否能获得成功，一场会谈是否可以圆满，一场谈判是否能够收获胜利。

有些人认为我们每天都在说话，这似乎是很轻松简单的事情，而且就连两三岁的小孩子都会说话。在这里要特别声明的是，虽然说话看似容易，但却包含着很深厚的学问。因为能说话不代表着会说话，就像生活中的有些人，虽然能够滔滔不绝、口若悬河地讲一大堆话，但却让人听得云里雾里，不明所以，分不清主次，找不到中心，而有些人虽然说话简洁，却能三言两语就将事情的来龙去脉讲得一清二楚，并条分缕析，让听者佩服不已。

怎样才算是会说话呢？会说话就是能做到精准表达，在说话时能让听者找到重点。因为人际关系中的沟通过程，简单来说就是提问和回答的过程。只有在提问和回答时找到重点，才能获得想要的回答和给出对方想要的答案，从而在人际交往中如鱼得水。

除此之外，在人际交往中要想在别人面前妙语连珠，出口成章，语出惊人，还需要在平时多练习、多用心，只有这样，才可能有所成效。没有谁的好口才是天生就具备的，想要做到精准表达，除了经历生活的磨砺、刻苦的练习之外，还需要有一颗善于发现的心，多从别人的身上汲取长处，多从书本中领悟各种技巧。

本书从温暖的语言、逻辑性强的语言、让步的语言、提问的语言、赞美的语言、掌握分寸的语言、打动人心的语言、求人办事的语言和说服他人的语言入手，模拟生活中最常见的场景，结合大量案例，介绍了丰富而实用的说话技巧，希望读者在读后能够提升自己的语言魅力，从而在生活和人际交往中魅力十足。

作者

2019 年 1 月

目录
Contents

第一章
温暖的语言入人心

用最贴心的话语安慰对方

当朋友陷入困境、失恋、遭受打击时，如何安慰才能收到效果呢？有时候，我们自以为能够安慰他人的话，例如，"不要难过了，你是最坚强的""别伤心了，哭解决不了任何问题"其实并不一定正确，有时甚至会起反作用。我们如果想要真正安慰一个人，就需要多站在他的角度去思考，感受他的沮丧、痛苦与悲伤，这样才是行之有效的安慰方法。

在没有了解对方之前，不建议大家盲目地安慰他人。这种情况下的安慰只不过是礼节性的交往，以客套话为主，话语都流于表面，不能真正说到对方的心窝里。安慰话的功用不仅是顺耳、中听，更重要的是能帮人解忧，帮助对方从纠缠不清的思绪中解脱出来。因此，对症下药的安慰，才是真正贴心的安慰。

有一位名叫胡安的大学生，他文笔不错，爱好写作，然而他屡次投稿都被退稿，没有取得一点成绩。时间一长，他有些坚持不下去了，不但心灰意冷，而且整天睡懒觉，再也不像过去那样每天晚上都刻苦写作了。

同寝室的同学肖恩看到他这么消沉，便安慰道："失败了没关系，你再重来吧！失败是成功之母，你不要气馁。"

同学卡森也对他说："只要你继续努力，总有一天会有人欣赏你的。"

胡安想了想他们的话，觉得心里好过点了。但是这些安慰的话并不能帮助他解决问题，过了两天他还是很消沉，而且心情越来越差，不清楚是否应该坚持写作。

这时，平日一贯不爱说话的同学依莱单独找到他。依莱拿着他的稿子对他说道："我把你的稿子拿给一个作家叔叔看了，他说你投稿不中可能是因为这几点原因：第一，开篇入题太过拖沓；第二，词汇量不是很丰富；第三，你对于人物的细节描写不是很到位……"

听完依莱的话，胡安很快振作起来，依照他提出的意见修改了自己的稿子，再投出去，果然有一篇稿子得到了回应，于是他的写作激情又回来了。

从上面的事例中，我们会发现，只有深入了解对方内心，找出其烦恼、忧虑的关键所在，安慰话才能有的放矢，发挥作用。我们安慰他人时，话不在多，而在于精；言辞不一定要华丽，但应当对症下药。

要想找出别人痛苦的症结所在，就要探寻对方的内心。在探寻他人内心时，我们可以多使用这样的提问："我可能无法了解你的痛苦，但你愿意说给我听听吗？""你慢慢讲，不要着急，我是不是听漏了什么话？"在安慰他人的过程中，千万不要失去耐心，否则会导致对方更加难过。另外应当采取一些有益于对方的行动，若对方想做点什么，可以帮助他或支持他，不要擅自否定。

安慰的艺术在于适时、适当。换句话说，安慰切忌敷衍了事、千篇一律。安慰他人要因人而异，因为每个人都是独特的个体，性格和习惯都有所不同。同样的安慰对不同的人不一定有效，而且不同的人面对挫折，其心理反应也是不同的。例如，有的人喜欢与人比较，发现有人比自己近况好便会感觉气馁沮丧，甚至认为世界不公平；但只要发现有人比自己过得更差，便不再失望了，消极情绪能立刻转化为积极情绪。因此，对不同的人群要采取不同的方法。

安慰失去亲人的人是比较困难的。有些人不愿意他人提及死者，因为回忆让他们沉痛。面对这类人时，我们最好先想办法疏导他们压抑的情绪。

父亲刚刚过世的露西就是这种性格的女孩。她一个人躲起来哭泣，同学玛丽看到了，想上来安慰两句，便对她说："我知道你现在的心情，别伤心了。"露西哭着反问了她一句："你怎么可能知道我现在的心情？"

是啊，她不是露西，她的父母都还健在，如何能了解露西现在的心情呢？露西这样一问，玛丽就不知道该如何回答了。

后来，同学佐伊走上前来，拍着露西的肩膀说道："我不知道如何安慰才能让你好过一些，如果你想哭的话，我可以借给你肩膀；如果你有什么想做的事，随时都可以找我帮忙。"听到这位同学的话，露西觉得好受了很多。

对于不同性格的人，我们要使用不同的安慰方法。对于性格比较内向的人，在众人面前给予直白安慰是不妥当的，因为他们根本不愿意自己的心事让外人察觉；对于性格好强的人，不要随意给予安慰，因为他们很容易将他人的安慰视为对自己能力的贬低；对于自尊心强的人，不要轻易使用对比法，因为在他们看来，自己比某些人强是理所应当的，这种与"低档次"人群的对比反而会使其认为你瞧不起他。另外，但凡是涉及他人隐私的事，我们千万不可大张旗鼓地安慰，更不宜将这些事透露给他人。对于不同的对象，我们要采用不同的处置方法，只有这样，才能确保自己不会"好心办坏事"。

安慰者无法代替他人承受痛苦，因此简单地对他们说"我了解你的痛苦，我知道你现在有多难过"，并不一定适用。既然令人痛苦的事情已经发生，无可改变，那就只能勇敢面对。在这种时候，安慰者应当帮助对方分析问题，引导他用积极乐观的态度去正视伤口，度过这一段最艰难的时期。人在伤心难过时，往往会失去正常的思考能力，需要有人去点醒他们，帮助他们转变思维方式，避免他们走进死胡同。

安慰他人并不意味着我们可以拯救他人。对受到伤痛之人最有益的做法，就是帮他们正视伤口，提高他们面对伤害的修复能力，这样当他们再次遭遇痛苦时，就能尝试着自己站起来。

类似于"别难过了""节哀顺变""一切都会好起来的"这类苍白的安慰词汇，并不能帮助当事人摆脱痛苦。但有些话在安慰时却是普遍管用的，如，"我不知道说什么才好，但如果你需要我的话，你24小时都可以打电话找到我。"

安慰伤心的人，就要用最贴心的话，让对方感受到我们的真诚和温暖。在安慰的过程中，我们可以讲讲自身的经历，但不要喧宾夺主，因为你的目的是让被安慰者了解这世界上还有比自己境遇更差的人，他们还有希望。只要他们愿意把悲伤说出来，安慰的目的基本上就达到了。

源自爱心的语言能收获人心

与人交流，是生活中最基本也是最重要的技能。我们每天醒来之后，大部分的时间都要花在交流之上。人际交往不是简单地结交几个朋友，而是随时随地都在与各种各样的人交流。我们曾花费多年的时间学习读和写，学习各种专业知识和技能，然而我们又花费了多少心思用于学习听和说，学习怎样与别人交流呢？

如果要用一两句话来概括人际交往的重要原则与方法，那就是"了解他人，知人而后为人知，既适应他人，又表现自我"。这就要求我们能够站在别人的立场上，去体会他的思想感情。

尼尔森是一位优秀的飞行员，在参加西班牙内战打击法西斯的一次战争中，他不幸被俘入狱。

在狱中，为了排遣寂寞，尼尔森学会了抽烟。一次他又想抽根烟时，却怎么也找不到火柴了。无奈之下，尼尔森硬着头皮向看守借火。看守面无表情地打量了他一眼，然后默默地拿出火柴递给了他。

当看守走近尼尔森并将火柴递给他时，两人的目光有了一瞬间的接触。为了缓解尴尬，尼尔森下意识地冲着看守笑了一下。似乎是受到了尼尔森的感染，看守也回应了他一个浅浅的微笑。

看守点完火后并没有像往常那样漠然走开，而是跟尼尔森闲聊了起来。

"你有孩子了吗？"看守开口道。

"有一个女儿。"尼尔森边说边打开皮夹，把全家福照片递给了看守。

看守看完后，也掏出自己的全家福照片递给尼尔森看，还讲了一些与家人相处的小事。尼尔森的眼中渐渐蓄满泪水，他向看守倾诉着自己对家人的思念之情，尤其是对自己的女儿，他害怕不能看着孩子成长……

看守听了以后，被他的话感动得潸然泪下。突然，他像是做出了一个什么决定，拿出牢门的钥匙，打开牢门带着尼尔森偷偷地从小路逃离了监狱。

很多年以后，尼尔森仍对那晚记忆犹新，他说，如果不是那位看守放了自己，他真的不知能不能活着回家。他觉得那位监狱看守也一定是位父亲，正是因为自己的话说到了对方的心里，才救了自己一命。

了解他人，才会把自己和对方拉得更近，从而化解许多矛盾和冲突。所以，我们在说话办事之前，最好稍做停顿，自己问问自己："我了解对方吗？他为什么会这样？如果别人这样对我，我会有什么感受呢？"

心理学家怀特教授经常会教育他的学生们："我们在与人谈话前先要问自己 3 个问题：首先，你说的是实话吗？其次，这句话非说不可吗？最后，这句话是否出于爱心？"出于爱心，不仅要有良好的愿望、动机和目的，而且还要有适应和满足对方心理需求的说话态度、角度和方式。

每个人说话都是出于某种心理动机，有人出于爱心，有人出于恶意。出于爱心，对听者有益；而出于恶意，则彼此都会受到伤害。出于爱心说话，即使被对方误解，也没关系，因为爱能包容一切，许多的错都会被善意融化。

出于爱心说话，无须发誓，因为爱心就像一座永远矗立的丰碑，无须誓言作为后盾。若不是出于爱心，即使诅咒发誓，也经不起事实的考验。只要凭借爱心说真诚的话，你的真情自会感动他人。

出于爱心说话，贵在以心换心。当对方心存疑虑时，你出于爱心和坦诚的话，便能打动对方。你真诚地关心对方、爱护对方，才能换来对方同样的真诚。在他人取得成功时，你送上几句真心的祝福，会获得对方的信赖和尊敬；在别人受到挫折的时候，你的几句暖心的安慰，会使对方重新振作起来。

出于爱心说话，能收获人心。与人沟通贵在用心，只要我们出于爱心去了解他人，用真诚去对待他人，便会得到相应的回报。"滴水之恩，当涌泉相报"，相互之间的感情必然会根深蒂固。

是否会讲话，关键在于能否拨动人们的"心弦"。善良的人总是能用真挚的情感、竭诚的态度拨动人们的"心弦"。学会用爱心打动听众的心，无疑可以帮助你在交往中获得人心。

热情的攀谈，抓住每一次交际机会

与陌生人说话是一件需要勇气的事，要有良好的心理素质，如果心理素质不佳，你很可能会因为别人的不理睬，甚至是一个不友善的眼神而难过一整天。如果你没有攀谈的经验，那么与初次见面的人谈话时，你多半会畏惧退缩。因此，讲话的训练首先要从"学会攀谈"开始。

尼古拉斯是汉诺威公司的一名普通职员，有一次他在候机大厅里遇到了一位非常有气质的妇人。这位妇人穿着时尚，虽然已过中年，但却依然魅力十足。尼古拉斯好奇地想："从穿着打扮上看，这一定是位贵妇，可能她这辈子都没有工作过，但是如果我能在旅途中与她聊一下的话，或许我可以知道一些我并不了解的事情。可是，我要怎么开口呢？"

尼古拉斯一边想着，一边将头埋进了一本书里。但他根本看不进去任何内容，他心里想的都是如何开口才不会显得冒昧。这种紧张与不安，让他的手心都有些冒汗了。直到机场的广播发出登机的通知，他都没有鼓起勇气。

当他合上书的时候，那位贵妇看了他一眼说："我看到你正在使用汉诺威公司的名片作书签。"尼古拉斯点头称是。妇人继续说："这个世界真小，我的丈夫就是汉诺威公司的总裁，两个小时后，他会去机场接我回去呢！"说完，妇人就笑着向登机口走去。

尼古拉斯错过了一次绝佳的交际机会，因为对方不仅看起来非常友好，而且说不定还可以帮他引荐，这将会对他的职业生涯大有帮助。可惜，这一切都因为他不懂得攀谈而错过了。

如果你想要通过打招呼给他人留下一个好的印象，那么你首先需要从攀谈开始，毕竟在没有问候的情况下，突然与人进行深入的聊天是一件不可能的事情。一般情况下，有心人都会考虑到对方，仔细思考到底要说些什么才好，但若是顾虑太多，又会使交谈双方都感觉到不自在。

也许你会想：他好像不太希望与别人讲话；突然跟他说话，他会不会讨厌我；我该怎么开口，这第一句话应该怎么说……因为顾虑这些问题，并过分在意对方的反应而放弃攀谈的机会，实在是太可惜了。

此外，有些性格开朗的人可能会抱着"去和他说话吧""告诉他一切"这样的自负心态，只顾着将想说的话一股脑儿地倒给对方，这样也不会是一场愉快的闲聊。话太多而不顾及对方的感受，也会毁掉你的攀谈。

宾西法尼亚大学沃顿商学院的管理学教授拉斐尔·艾米特认为，想要拥有攀谈的能力，首先必须从迈出"心理舒适圈"做起。每个人天生都有自己舒适的圈子，无论是交友方式，还是做事和沟通的方式，只有在这一舒适圈里，自己才会感觉舒服与安心。

很多人的交际习惯都是只和熟悉的人交往，这不仅是因为与熟悉的人说话容易获得认可，还因为在一个小团队中更容易被包容。这是一种典型的心理舒适圈，它让我们感到安全与快乐。

如果不愿意享受与陌生人交流的感觉，那么，我们会失去很多宝贵的机会，无法从多个角度了解这个世界，这样做，其实也是在将自己的世界人为地缩小。而缺乏多样化信息的直接后果，就是我们的视角会变得狭小。有智慧的人在人际交往中会广泛撒网，将各种各样的人纳入自己的社交队列中，因此，他们从不排斥与陌生人交谈。

我们在与陌生人见面时，不要着急做出任何判断，比如，他看起来很不友善；他好像是一个很爱占便宜的人……在未获得足够的信息之前，我们不应该草率地下结论，特别是当对方与你不是那么"类似"时，更不应该这样做。若你发现对方的某些行为让你感觉他并不是那么好相处，你也不应因此而轻易地拒绝与之交谈。相反，如果你能克服这种心理障碍，今后与其他人的攀谈可能会更顺利。

当你决定与对方攀谈时，你应该学着按以下步骤进行：

1. 打招呼

最好看着对方微笑点个头，当然，如果你有其他方式可以表达出"我并没有对你视而不见，我希望和你聊聊"的举动，也可以采用。如果你已经知道对方的名字，直接而明确地说出来是最清楚的打招呼方式。

2. 靠近对方

与对方打招呼以后，你应该走向可以与对方面对面的地方。

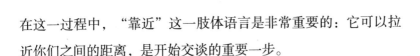

在这一过程中，"靠近"这一肢体语言是非常重要的：它可以拉近你们之间的距离，是开始交谈的重要一步。

3. 开头语

最简单的开头语就是"你好""幸会""嗨"等，这些都是最低限度的问候。只要你开口问候了对方，接下来的交谈便会很简单了。不过，有时候你可能会因为太过紧张而说不出话来。即使在这样的状态下，你也应该保持积极的心态，使自己可以开口问候。

4. 注视对方的眼睛或嘴巴

交谈开始时，你可以先看着对方的眼睛说话，如果你发现太靠近对方使你不自在，或者你不习惯看别人的眼睛，你也可以看着对方的嘴或者喉咙附近的位置。待习惯以后，你再慢慢将视线移向对方的眼睛。

在练习攀谈的过程中，如果你选择那些不会对你产生后续影响的对象，那么你就不必担心攀谈会带来坏的结果。比如，试着在便利商店买东西以后，抢在收银员说话前主动对他说"麻烦你……""谢谢"之类的话语。对他们来说，这是他们的工作，所以他们不会对你做出不良回馈，而这种问候多半会令工作单调而容易被人忽视的他们开心起来。

在与人攀谈的时候，你要试着放松身体，因为只要一紧张，人体的血液循环就会加快，进而感觉到口干舌燥，甚至会通过不停咳嗽来缓解自己的紧张。在这种情况下，你是很难从容说话的。但是，只要你放松下来，就会在不知不觉中自然地说出话来。因此，在下一次打招呼前，你可以试着放松肩膀，长长地吐一口气来缓解自己的紧张感。

在攀谈开始时，谈论天气或季节虽然很乏味，但却是展开话题的最佳选择。这些话题不会为你惹来麻烦，而且你也不需要特别地选择对象，不管和谁都可以反复练习使用，直到你习惯了自然而然地抛出合适的话题为止。

掌握了以上的攀谈技巧后，你可以在等待公交车的时候主动找那些看起来不是很焦躁的人来聊一下，或者只是简单地在聚会上与不太熟悉的人交谈一下。只要你主动带着诚意，且面带微笑地靠近对方，获得出色的攀谈能力只是时间问题而已。

尊重对方，忠言也能顺耳

用逆耳忠言来表达忠心或情谊的话，那么这份感情和勇气实在很难得，但并不应该被提倡，因为这样来表达自身的勇气过于天真，也极易引发误解。当你发现对方犯了一个非常明显的错误时，为了帮助对方尽快改正，你可能会好心地对他说："看，你刚刚犯了这样一个错误……"你可能以为对方会感激你，但是结果让你很意外，甚至会让你感觉到对方是如此不可理喻——他坚决不承认自己的错误，更谈不上感激你。

你实在没有必要因此而责备对方，因为这是非常常见的事情，几乎每个人都会有这样的毛病。当他人指出自己的错误，特别是直截了当地指出时，一般人都会很难接受。被指责的人会产生一种愤怒，迫使他拒绝接受你的批评或是指正——即使他清楚地知道你是在为他着想。

自我形象永远是人们最关心的部分，它是我们期望在他人心目中建立起来的形象，一旦自我形象受到了威胁，我们便会变得不安；当它受到了伤害时，我们也会受伤。

当自我形象被破坏时，每个人都会产生一种焦虑感，感觉自尊受到了伤害，甚至感觉自己的安全已经没有了保障。他会本能地拒绝承认自己的错误，即使认为你说的是对的。因此，当你想要说服他人、使他人明白自己的不足、错误时，"直言"是最坏的做法。

在批评策略中，最重要的就是如何选择时机。最好的时机是事情结束，离开了当时的场合以后。比如，当你想要和同事讨论会议上的发言时，千万不能在会议中就说，最好是在散会后回公司的路上再讲。

等事情过去一阵子以后再说，这与"离开情境"同样重要，虽然你嘴上说了这件事情没有什么大不了的，但你却立即将这件事情提出来，足以证明你已经将事情"放大"了。如果当你等几天以后再说时，他对批评就不会太敏感了。

这是一种固定的规律：不管是时间上还是情境上，你批评得越快，他就越有可能坚持自己的做法，也就越会为自己辩护。

提出批评、指正意见的时候，如果在遵守"时机原则"的基础上，能够运用以下几条心理策略的话，你的良言不仅将显得更尊重对方，同时又能帮助他人认识到自身的不足。

（1）不要说这件事情没什么大不了的，而是要让他知道，你说这些是因为关心他、在意你们之间的关系。

（2）一定要在私下里说，哪怕你感觉这不是件大事，也最好关起门来说。

（3）先说几句恭维的话，如，"小敏，你是这个世界上最值得拥有的朋友，我想知道……"

（4）批评对方的行为，而不是为人。不要说"你真是讨厌……"，更好的说法是"你这个人很不错，但偶尔你会做一些……"。

（5）不要假定他是故意的，最好将事情当成是无心之过。

（6）如果可能的话，分担一部分责任。这可以让他意识到，你与他共同面对这件事情，而不是与他对立，当你要说"真讨厌你这么做……"时，你最好改说："我本来可以和你说的更具体一点……"

（7）提出解决方案。如果事情没有答案，那你干脆就不要说；如果你感觉到无论怎么说，他都不会听你的，那么你最好不要说。不被接纳的意见与方案，只会对他造成困扰。

（8）批评与指责最有效果的时候，就是告诉他，并非只有他一个人这样。当对方知道很多人都这么做过时，将会减轻对自我的冲击力度，这意味着这不是冲着他一个人而来的指责。

如果你想要直言不讳，又担心惹恼了他，或是不想让他感到尴尬，那就使用上述的策略吧！你的意见或许逆耳，但他接受的概率很大。你可以放心，用这种方法提出意见，可以大大降低冒犯对方的概率。

话留三分软，得理亦饶人

说话既要讲分寸，也要懂得适可而止。在人和人的交往与合作中，别人难免会出错，如果不是什么不能原谅的错误，我们批评一下对方即可，没必要喋喋不休地埋怨对方。

"人非圣贤，孰能无过？"与他人相处就要互相谅解，常常以"难得糊涂"自勉，在小事情面前不可过分计较。特别是和朋友相处时，不能眼睛里容不得半粒沙子，任何鸡毛蒜皮的小事都务必要论个是非曲直。

太计较只会吓跑你周围的人，让他们躲你远远的，最后让你变成孤零零的一个人。纵观古今中外，但凡能取得大成就的人，都是那些不与人计较，能容人所不能容的人。这些人从来不纠缠于琐事，更不会在细枝末节上浪费太多时间，所以才逐渐成为不平凡的人。

在南北战争时期，林肯委派的将领一次又一次地出错，导致北方军队一直处于被动之中。大家都指责林肯不会用人，林肯却一直保持沉默，不肯为自己辩解，更不肯为此事指责下属。当时，林肯的妻子和支持者都极力谴责妄议者，林肯却对他们说："不要指责他们，假如我们处在他们所在的情形下，一样会做出同样的事情。"

由于各自的立场不同，所处的环境也不一样，所以我们很难了解对方的感受。因此，我们应该关怀他人，了解他人，而不是轻易指责他人。批评别人，将来必然也会被别人批评。人各有别，对他人缺乏了解，就无法站在对方的角度去看问题，自然容易产生误会。

卡耐基说过："我们绝不可能用口头的斗争来改变任何人的思想，无论其智力高低。"我们生活中有一些非常优秀的人，就是因为喜欢轻易指责别人而惹人嫌。其实，每一个人都有自己的缺点，也都会犯错，我们所能做的只是让自己把事情做得尽善尽美，尽量不犯错误。

孔子奉行"严己宽人"的待人原则，也就是对自己严格，对他人宽厚，这样就可以让自己远离怨恨。圣贤之所以比普通人优秀，其中最重要的一点就是他们经常用责人之心责己，用恕己之心恕人，而不是轻易指责别人。

一次，戴尔·卡耐基应邀参加一场宴会。宴会中，卡耐基右手边的先生讲了一个有趣的故事，然后在总结的时候引用了一句名言，并告诉大家这句名言出自《圣经》。

卡耐基听了那位先生的话，立即反驳说："先生，这句话并不是出自《圣经》，而是出自莎士比亚之口。"

那位先生辩解说："出自莎士比亚之口？不可能！那老头什么时候说过这样的话？绝对不可能！我记得清清楚楚，这句话的确出自《圣经》。"

当时，卡耐基的一位朋友连忙提醒卡耐基说："戴尔，我觉得是你错了，这位先生说的没错，这句话确实是《圣经》中的语言。"

宴会结束后，卡耐基愤愤不平地找到那位朋友，和他理论说："那句话明明是莎士比亚说的，你为什么说是《圣经》中的语言？"

那位朋友肯定地回答说："没错，的确是莎士比亚说的，我清楚地记得它出自《哈姆雷特》第三幕第二场。"

卡耐基不解地问："既然这样，你为什么还说它出自《圣经》呢？"

那位朋友回答说："我亲爱的朋友，为什么你一定要坚持他说的不对呢？证明你是对的，就能赢得别人的好感么？别忘了他并没有征询你的意见，他只是在表达自己的观点。你不应该当众指责他，更不应该和他抬杠。"

从此之后，卡耐基记住了这个教训，再也不轻易指责别人了。

一句话：得理不饶人，就会很伤人。争执中没有赢家，因为无论输赢，其实都是输了，就算争辩赢了，对方也只是口头上服了你，其实心里未必服气。就算我们用自己的语言把对方说得哑口无言，最后又能怎么样呢？难道就能改变对方的观点吗？

心理学家发现，争辩的最终结果只会让对方比以前更坚定自己的想法。在你没开口前，假如对方对自己的观点还有疑惑的话，你开口和他争辩，只会让他更加坚信自己是对的。

在人际交往中，对方有错也罢，没错也好，我们都不要随意指责，得理不饶人，"话留三分软"，彼此之间的关系才能和谐。

在交谈中，不能直接说令对方反感的事情，更不能直接指责对方，否则就会伤害对方的自尊心。如果必须要说，可以用一种委婉、含蓄的表达方式。即便是同样的意思，表达方式不同，也会产生完全不同的效果。

用真情，引起对方的情感共鸣

在与人沟通时，假如可以用煽情的办法打动对方，引起对方的情感共鸣，那么就可以达到说服对方的目的。

我们常说："动之以情，晓之以理。"这里所说的"动之以情"，其实就是指煽情原则。说服一个人，最有效的方法莫过于情感说服。俗话说："人非草木，孰能无情。"在日常生活与工作中，我们总是接触各种各样的人，说服的方法各不相同，但是都可以采用"动之以情"的方法。

研究表明，一个人在对某件事做出判断之前，往往会受情绪左右，因此，在说服他人时，我们可以利用这个原理，通过融入情绪的方法来影响对方的判断，这样往往可以令说服过程更加顺利。

林肯是美国历史上口才极佳的总统，在他还是一名律师的时候，就曾经利用煽情原则赢得了一场本不可能获胜的诉讼。

一天，一位年迈的妇人找到林肯，向他讲述了自己的不幸经历。原来，老妇人是独立战争时期一位烈士的遗孀，生活的来源全靠每个月领取的微薄抚恤金。然而不久前，她像往常一样去领取抚恤金时，却被出纳员刁难了，要求缴纳完一笔手续费后才行，否则不能领取。出纳员要求缴纳的手续费已经高达抚恤金的一半，这无异于变相地勒索老妇人。

法庭在审理这个案件的时候，作为被告的出纳员对这一切都矢口否认。这个黑心的出纳员十分狡猾，他只是在口头上勒索老妇人，并没有留下任何可以作为证据的凭证。对老妇人来说，这几乎已经成为一件注定会败诉的案件。

此时，林肯开始发言。法庭上 100 多双眼睛都紧紧地盯着他，看他有什么办法可以扭转这种对老妇人不利的局面。林肯先是把听众带回到对美国独立战争的痛苦回忆中，接着又深情地讲述了战士们怎样在恶劣的环境里进行战斗，直至为了正义而付出宝贵的生命。

最后，林肯动情地说："如今，发生的一切都已经成为过去。1776 年的那些英雄也已经长眠于地下，可是他们那些可怜的遗孀却还生活在我们身边，站在我们面前的这一位就是其中之一。她受到了非常不公平的待遇，请求我们还她公正。这位老妇人曾经也是一位美丽的少女，也有过一段幸福美满的家庭生活，但是，那场残酷的战争剥夺了她的一切，让她变得贫穷，变得孤独无依，迫于无奈，她才向享受着革命先烈们争取来的自由的我们请求给予援助。试问诸位，面对这种情况，我们难道真的可以做到熟视无睹吗？"

林肯的发言结束后，在场的听众都为之震撼，有的人因为同情老妇人而热泪盈眶；有的人怒发冲冠，忍不住要殴打被告；有的人当场慷慨解囊，要救济老妇人。最终，听众一致要求，给予出纳员应有的惩罚，并且通过了保护烈士遗孀不被勒索的判决。

如果林肯从证据的角度说服大家，很可能使自己陷入僵局，而无法拯救受到刁难的老妇人，更无法通过保护烈士遗孀不被勒索的判决。林肯没有出示老妇人被出纳员勒索的证据，而是采用"动之以情"的方法，从老妇人的身世说起，引发听众的同情心，从而达到说服他人的目的。

煽情就像一个万花筒，里面总是装着令人意想不到的东西；煽情就像一双灵巧的手，总是可以弹出动听的乐曲。在很多场合，虽然表面上看已经陷入僵局，但是运用煽情原则后，往往能收到意想不到的效果，这就是情感的力量。

所以，我们在说服他人时，务必要学会调动对方的情感，利用情感来影响对方，从而让对方更容易接受我们的观点。

第二章
逻辑性强的语言更有力

叙事说理要言之有理

言之有理，是我们从小就知道的成语，可是在社交场合中，真正能够做到言之有理、让人信服的人却很少。很多人在开会发言表态的时候根本就说不清楚自己的观点，或者眼睛看着 A，心里想到了 B，嘴上说出来的却是 C。

从前，有一位县太爷想刁难一位憨厚老实的农夫，诬陷他与同乡以天灾歉收为借口，拒交纳租税，并给农夫定了个"抗交皇粮"的罪名。农夫被毒打一顿之后，县太爷命令他三日之内，交出三个公鸡蛋，只有这样才能洗脱他的罪名，还他一个清白。

农夫不知所措，心想世间根本没有公鸡蛋，自然无从寻来公鸡蛋。但他的妻子聪明机智，三天之后，农夫的妻子来到公堂回话，面对县太爷的怒喝："你丈夫为何不亲自来见我？这分明是藐视本官！"她淡定地回答："回县太爷，我丈夫本不敢抗县太爷之命，但因正在家里生孩子，所以实在脱不开身，还请县太爷见谅。"

县太爷听闻此言，忍不住笑道："什么？你家男人也会生孩子？这不是天大的笑话吗？大胆贱妇，你竟敢愚弄本官，来人呀，给我打！"

"慢着，大人，男人生孩子是天大的笑话，公鸡生蛋不也是天大的笑话吗？县太爷要我家丈夫交出公鸡蛋，难道不是在愚弄百姓吗？"农夫的妻子以牙还牙。

县太爷一听，无言以对，只好下令退堂，不再追究此事。

说话讲究的是有理有据，以理服人，聪明的农夫之妻抓住了县太爷的荒谬言行，采取"以谬治谬"的办法，用县太爷的荒谬理论作为论据，很好地回击了县太爷的刁难，成功地将自家丈夫解救于诬陷的旋涡。这种语言反击方式极为有效，它一语击中要害，让对方没有招架之力，没有还嘴之力，从而避免了自己受人诋毁和坑害。

如果有一天，你不幸遭别人歪理的挑衅和中伤，这时你直接指责对方不讲理，怒气冲冲地叫骂对方，往往会给你的个人形象造成不好的影响，也就掉进了对方设好的圈套，因为对方很可能是在用歪理激怒你，以达到自己不可告人的目的。

聪明的做法是，善用逻辑的力量，通过缜密的逻辑推理，呈现出最有说服力的论据，戳穿对方的歪理邪说。也许你说的"理"并非真理，也是歪理，但只要能抓住对方言论的要害，用对方的歪理为你的论据，就能顺利达到破解对方歪理的目的，让对方无言以对。

20世纪30年代，美国经济陷入大萧条，其他公司纷纷开始裁员。福特汽车公司虽然也面临着很大的成本压力，但福特却执意要提升员工的薪酬。董事会的成员一听立马就不干了，对福特开始狂轰滥炸式的指责。最后，福特平静地说："我有一个从根本上解决让你们头痛的成本问题，难道你们不想听一听吗？"刚才还剑拔弩张的氛围立马缓和了下来。福特说："如果我们支付给员工社会上的平均工资，也就意味着他们随时都有可能离开我们的公司，因为他们可以很容易找到和在这里待遇相似的工作。但对于我们来讲，就损失了一个技术熟练的工人。如果我们提高工资，即便他们辞职不干了，也很难在短期内找到同等待遇的工作。为了保住自己的工作，他们就会变得比以前更勤奋，这样一来，效率提升了，成本也就自然降下来了。综合考虑来看，这才是降低成本的治本之策。"

董事会成员听完后，都恍然大悟，对福特的格局、眼光也更加佩服。

为什么大家一开始拒绝福特的建议？因为他们只看到了眼前利益，没有从大局上看待这个问题。可福特先用一句"从根本上解决成本问题"的话来吸引大家，接着再摆明道理，告诉大家为何要这样做。言之有理，论之有据，自然也就容易达到说服的目的。

哈佛大学社会学教授弗兰克·道宾说："别人是从你所说的每一个字中，了解你所知的多寡。因此，你怎么说和你说什么同样重要。"言之有理是好口才的重要表现，也是你在社交中说话有分量的前提。想在人际交往中取得众人的支持，最好先把这项基本功打牢固。

短小精悍才能抓住重点

平日里，我们使用的讲话剧本被称为"紧凑三部构成法"，其具体说话方式是"导入——展开——结束"的构成方式。这种讲话方式最大的特点就是让讲话变得平庸且臃肿了起来。

一家公司的企划部职员奥斯汀经常会用这种方式来讲解自己的企划方案，下面是他的一次讲稿内容：

导入：各位早上好，我是商品企划部的奥斯汀。感谢大家在百忙之中出席这次会议，很开心和大家一起相聚在此，能够跟大家一起学习和成长是我的荣幸。我们马上就要开始公司的企划会议，希望大家能够认真分析，积极参与，为公司的发展献计献策。

展开：正如大家所知道的，由于我们公司主要产品的市场如今已趋于成熟，这使得我们的销售额比以往减少了20%。市场长期不景气，公司不得不修改中长期销售计划及收益计划，这项任务自然就落到了我们企划部的头上，当然，这也是公司所有部门的责任。

综合各方面因素，企划部首先做出的决策是减少经费的支出，将主要精力放在将要开发出来的两个新产品上。与会的各位同事，如果你们对将要推出的这两种新产品有任何的想法、意见或建议，都请说出来，我们大家一起讨论。下面我代表企划部，发表一下我们部门的看法……

结尾：公司初定在 3 个月后，召开第一次企划案发表大会，期望届时各位可以参加会议。再次期待各位提出宝贵意见和建议，还请多多指教。

很多人都对说话有着错误的认识，他们认为，说话人陈述得越清楚，听者理解得就越深刻，但事实恰好相反：信息量越大，越难以理解，而且在讲话超过 1 ~ 2 分钟以后，很多人便会失去耐心，不愿意再继续听下去了。

奥斯汀的会议讲稿因为使用了"紧凑三部构成法"，从而使开场寒暄变得过于普通，又不能随时变通。在现实生活中，懂得简洁说话之道的人并不多，现在我们回想一下，基本上每个人都能够从自己身边找出一两个那种开场寒暄就说个不停，而且话题越来越长、内容越来越多的人。

其实，在必须要寒暄的情况下，简单而礼貌地说一两句即可，站在听者的角度来考虑，越短的话语反而越容易理解，也越利于记忆。这样的交谈才不会给听者带来负担。

因此，短小精悍的谈话内容不仅能够让人因为摆脱了必须要"听下去"的负担而欣喜，同时也更容易让人接受。我们在对话过程中，需要时刻注意给自己的语言系统"减肥"。

短小精悍的会话形式，需要我们养成可以抓住话语核心的能力，也就是说，我们要有可以抓住重点的能力。

1.找准你到底想要说什么

讲话在精不在多，这是让讲话保持"简洁"的重要方法。有些人之所以被认为口才差，就是因为他们讲话时过于喋喋不休。其实，只要你在讲话过程中抓住关键点不放，将自己的主要意思表达出来就可以了。

不管你的说话对象是谁，要想让对方在最短时间内明白你的意思，要想让对方被你说服，你就必须找出问题的关键点。

2. 用"三角剧本"代替"紧凑三部构成法"

"三角剧本"是由想说的话、主要说话内容、理由和依据这三点内容构成的。三要素构成了一个三角形的三个顶点，并因此得名"三角剧本"。

"三角剧本"由以下内容组成：

（1）想说的话。

（2）主要说话内容，一般为3个具体项目或条款。

（3）理由与依据，可列举一两个具体实例。

按（1）（2）（3）的顺序说话以后，应将（1）作为结尾或者总结，重复自己的结论或者必须要执行的事情。

在找准了个人说话的主要目的，并配合使用了"三角剧本"以后，你会发现，你将话说到点子上的能力越来越强，而这也意味着，你在对话过程中一直将力量用在了关键地方。

表达首先要明确主题

将自己想要说的话、自己的主张明确地传达给对方，越是复杂的内容，越要更好地、更明确地传达给听众，这便是语言逻辑性的基本要求。也就是说，说话要有逻辑性，首先要明确到底是要对谁说，到底要说些什么，而这种"明确"即弄清楚说话的"主题"。

主题最好可以用一句话来说清楚。随着场合及对象的不同，主题也会随之发生变化，但是无论怎样变化，有逻辑地说话总是会有一个固定的、唯一的主题在其中。

加布里尔有一个刚进入青春期的儿子，一天，他刚回到家中，儿子就跑过来向他讨要零花钱。

"爸爸，请您给我 50 元零花钱。"

"可是，我上个星期已经给了你 50 元，你能不能告诉我，你的钱花到哪里去了？"

"哦，是这样的，上个星期我们班里发生了一件令人难过的事情，我们班在领养中心领养的小狗生病了，所以大家都掏钱给它治病了。不过说起这件事情来，真的要怪那个爱出风头的维多利亚，她非要将小狗带回家去，不知她是用冷水给小狗洗澡了还是怎么回事，反正小狗就是着凉生病了。

"更重要的是，这星期我们有一场冰球比赛！爸爸，你知道吗？这一次有我最喜欢的校队明星参加，但是这次的比赛是要交费才能观看的。我真搞不明白，为什么这种大众性的项目还要收费，难道他们占用了学校的公用设施就不用缴费吗？对了，我的好朋友纳朋克也会作为替补进入校队，真棒！好了，爸爸，现在你该知道我为什么要让您给我50元零用钱了吧？"

加布里尔耸耸肩："不好意思，儿子，我没有听懂你在说什么。如果你真的想要那50元，不如先想一下到底要怎样说服我。"

加布里尔的儿子最大的问题在于他没有将自己的说话顺序理清楚：到底为什么要50元？上个星期的50元又是怎么花的？他并没有找到一个恰当的表述方法，来让他的父亲意识到他并没有乱花钱。

有逻辑地说话必须要建立在说话顺序简单易懂的基础上。在进行解说或者评论时，将现状、课题或者个人想法罗列出来固然是好的，但是在阐述的过程中，我们需要更有逻辑性的表述方法。

霍莉·威克斯是哈佛大学的著名沟通专家，她认为，越是简单的说话方式越能体现出逻辑性，在建立起新的说话顺序的过程中，每一个人都应该尝试着让自己去学习，如何才能从主题开始，简单地说明白。

1. 让主题可以用一句话表述出来

明明二十几个字就可以表达清楚的文章主题，如果使用了长达几十分钟的时间来叙述，那可真会让人厌烦。虽然你可能在不同的问题上需要发表不同的观点，但不管是哪种主题，对于观点的总结方式都是大同小异的。所以，我们应该养成将主题一句话表述清楚的习惯。

最有效的借鉴与学习方式，是通过新闻标题来学习。这些标题大多数都控制在 20～30 字。在借鉴新闻标题的写法后，你可以试着写出自己的主题。在你习惯将主题用一句话来概括表述出来以前，你不要先去思考应如何将它们说出来，而是要将它们写在纸上，用文字表述出来。

使用文字表述很少会出现表述不明的情况，而且把你想说的话写下来更能锻炼你切入主题的能力：它可以将你的逻辑说话能力锻炼到极致，使你的观点明确而易懂。

2. 逻辑的对象要确定

某报纸曾登载了这样一段文字："美术是生活中必不可少的，大自然就像图画一样艳丽、壮美。人们美的外表、美的心灵、美的生活、美的世界也像画一样使人心旷神怡，陶醉在这优美的情境中……"

第一句"美术是生活中必不可少的"，当然是作者学美术的体会，而下文应该具体说明作者这一点体会。但是，作者在下文中却说了各种各样的美：大自然的美、人们外表的美、心灵的美、生活的美、世界的美。美和美术有联系，但并不是一回事。列举各种各样的美，并不能说明"美术是生活中必不可少的"。这一段话最明显的错误就是文不对题。

从逻辑上说，这是思维对象不确定的一种表现。思维的对象要确定，是逻辑同一律的基本要求，而其中首要的一点，就是要人们在进行思维活动的时候，要确定自己所想的是个什么问题，不要把这个问题换成那个问题。在表达思想的时候，当然也是这样。在上面的案例中，作者的思维活动没有针对预定的对象展开，而是在提出了这个对象以后，马上就离开了这个对象，讲到别的地方去了。这样，预定的思维对象完全落了空。

世界上的事物之间存在着千丝万缕的关联。思考一个问题的时候，适当联系到与此有关、有助于解决该问题的其他问题是有必要的，关键在于把握住它们的界限。最重要的一点是，牢记和紧扣原来的主题，始终不离开这个立足点和出发点。

清楚和条理，解放听者的耳朵

有逻辑地说话可以用两句简单的话来表明内涵：讲合乎道理的事；清楚地表达。也就是说，在有逻辑的论述中，个人主张、理由、依据明确，内容相互间的顺序与排列都整齐划一。

作为表述者，为了增加自己语言的逻辑性，我们必须对自己想要说的内容，以及说话的顺序有一个整体的把握，并在脑海中将说话的情景构建起来，形成一个立体而完整的形象，这样我们的说话主题、方式与内容都会更明确。

然而，这样做并不意味着我们能够将自己所说的话说清楚：听话者对我们总结出来的话语的构成与内容一点都不了解，甚至可以说一点也不知情。在这种情况下，为了使听话者长时间地集中注意力，我们应该尽可能地减轻听话者的负担。

某食品公司的"品质月"即将来临，因此，公司的两位市场专员卢克和艾伦都要对上司进行市场反馈汇报。在卢克进行报告时，他所描述的内容是这样的：

"从今天开始，我们公司正式进入了品质月，但是正如您所知道的那样，最近我们公司卖出的产品出现了包装不够细致的问题，很多产品被召回了。在最近两年内，这种因为产品质量不合格而导致的产品召回案例不断地上涨，希望您可以查看一下，工厂的质量管理是否出现了问题。"

卢克汇报完毕后，上司只听到了"很多商品被召回"，此时的他还有些概念模糊，随后艾伦的汇报使他更清晰地了解到这一问题有多么严重：

"其实，真实的情况很严重，最近两年内，我们公司因为质量问题被召回的产品平均每个月都会增加 3～5 件；前年，因包装残次问题召回的产品有 54 件，去年出现了 110 件，到今年 6 月份为止，召回数量已经超过了 70 件。"

此时，上司才真正地意识到，公司产品质量问题真的急需重视。

卢克的汇报之所以不清晰，是因为他预留了太多的想象空间，"很多商品被召回"到底是多少？"质量不合格率上涨"是涨了多少？这些内容原本都可以更清晰地被阐述清楚，使他的上司能更加直观地了解问题的严重性，但他并没有阐述清楚。

我们反复强调，在对话过程中，一定要站在对方的立场去考虑到底要"如何说才能说清楚"。谈判学专家怀亚特认为，这种"说清楚"的能力首先应该建立在让对方"听起来不累"的基础上。若你在与他人说话时，他人要不断地揣测你到底在说什么，那么这场谈话无疑是失败的。想要让人"听起来不累"，你就必须要减少那种"为神秘而神秘"的说话方式。

1. 减少对话的神秘感

在说话之前，有目的地传达给听者一些信息是非常有必要的。这就如同举行一次不可告知目的地的神秘之旅，因为其自身的神秘性，大家会更有兴趣去参与其中，但如果对话过程总是保持神秘，那么听者可能就不会有兴致了。商业时代里，大家的时间与精力都是宝贵的，因此，我们必须要在对话之初就让对方意识到：这场谈话是有意义的。

2. 把握说话的节奏

节奏就是语言中有规律的变化。河流中的水有急有缓、有多有少，像流水一样，说话的节奏同样有快有慢。

说话太快，对方会听不清你的话或者跟不上你的思路，进而无法听懂你想要表达的东西，反之则会让对方会觉得你过于拖沓、迟钝。所以把握说话的速度就显得十分重要了，该快的时候就要快，该慢的时候就要慢，"该出手时就出手"，那究竟怎样才能"该变快时就变快，该变慢时就变慢"呢？

只有当你能够考虑到他人听起来是否足够轻松的时候，你才能够让对方清晰地看到你在某个问题、某件事情上的想法是怎样的，而他人才能更好地聆听你、帮助你。更重要的是，这种对话模式将让听者意识到，与你对话是轻松的、快乐的。在产生了这种积极意识后，他与你的关系自然会更近一步。

说理的力量来自语言准确

　　久居美国的法国医学家卡雷尔在获得诺贝尔奖之后，回到故乡法国讲学，受到人们的热情招待，里昂大学还专门为他兴建了一座研究所。卡雷尔被浓浓的人情包围着，久久不愿离开。这时，他收到美国同事坦杰的一份电报，上面只有一行字："几颗在玻璃瓶里跳动的心脏正等候你的归来。"

　　收到电报后，卡雷尔立刻改变主意，第二天就搭机赴美。一句话何以会有这么大的魔力？

　　为了请回卡雷尔，坦杰博士选择了卡雷尔最关心的事，来拨动他赴美的心弦，这虽然只是科学界的一则小故事，但却很耐人寻味。我们从中可以看出，语言是否准确有力，将直接影响到说理的力量强弱。说理的语言更应该准确得体，因为只有用准确得体的语言，才能做到论证有力。

　　就认知因素而言，一个人如果形成了某一特定的稳固看法和态度，那么他必定具有较为协调统一的认知，不论他的认知是正确的还是错误的，这一认知结构的内部因素总是根据一定的理由而产生并相互支持的。也就是说，在过往的知识与经验下，个人往往已经形成了一个所谓的"认知完型"。

　　说理者想要引导说服对方转变某一特定的较为稳固的看法和态

度时，就应该给对方提供更多的能够使其接受的相反理由，使对方的认知完型解体，而又无法找到足够的理由为其原有的态度辩解。

总之，说理者只有打破对方原有的认知完型，才能使其重新组成新的认知结构，转变原有的思想认识。为了达到这个目的，说服的艺术要求在心理相容、对症下药的基础上进行充分说理，应当论证有力、鞭辟入里。

某建筑公司的新领导上任，面临着员工们对薪金长期不满，工作很难展开的局面，经过调查研究后，这位领导向全公司的员工们发表了"就职演说"：

"我们大部分员工的工资偏低，因而对工资、奖金问题比较敏感是可以理解的，但是要在短期内大幅度提高工资水平也不现实。现在公司的财政状况不好，其根本原因就是我们的经济效益太低。大家想想，我们每人每月创造的产值只有3000元，连简单再生产都维持不了，公司拿什么给我们涨工资呢？现在唯一的办法就是提高产值，通过增加效益来扩大生产。如果我们公司明年全员劳动生产率从现在的近4万元提高到10万元，光奖金就可能超过目前全年的工资了，但这需要大家的共同努力才能实现。"

说理的真正力量在于解释、劝说和论证的逻辑性。充分彻底地说理，不仅要给对方提供更新、更多和更为全面的论据和理由，而且要做到论证具有严密的逻辑性。这种有力的论证，类似于形式逻辑中的不相容选言推理。通过逐一分析、排除，然后得出必然的结论。

一个屡次犯罪的在押人员，在监狱里不但拒不认罪，而且还违反监狱规定，甚至开口威胁审判人员，扬言出去后要报复，气焰很是嚣张。审判人员分析了他的心理状态后，发现他既有无所谓的思想，又有对前途失去信心的情绪，于是便向他提出了一系列问题：

"你提出减刑申请后，法官经过复审，同意给你减刑，这是否体现了法律部门的公正与宽大？"

"你之前几次入狱释放后，地方政府很快就给你安排了工作，是否给了你生活的出路？"

"你不久便找到了女朋友，而且相处很好。在这次犯罪前，她是否有嫌弃过你？"

"你原来住的是简易的房子，在你的亲人和朋友的帮助下，结婚后你搬进了新房。他们是否嫌弃你？"

"客观条件这样好，新的生活在等待着你，但你却旧病复发，重犯盗窃罪，这个责任该由谁负？"

这些发问具有严密的逻辑性，形成了有力的论证，击中了对方的要害。罪犯经过思想斗争后，转变了态度，他认清了自己的错误，并向法官保证再也不怨天尤人，而是要真正重新做人。

论证有力、鞭辟入里的说理要旨就在于要给被说服者提供全面充分的理由，使其感到除了接受说理所引导的观点和意图之外别无选择，从而转变原先的认识和态度。

语言准确，才能鞭辟入里。口才专家们对于提升语言的准确性，提出了以下几点要求：

1.注意从褒贬色彩和附加意义方面选择词语

在说理中常常会指称两种相反或相对的事物，这时就应注意指称词的意味与被指称者的心理感受之间的逻辑联系。因为反义词或对应词之间会构成强烈的对比，这种对比关系掌握不当的话，会在被说服者心目中投下一道阴影，妨碍通情达理。如果你想说对方"态度顽固""固执己见"，那就最好不用这些带有贬义色彩的词语。你可以说："我知道，你是认准一条路轻易不回头的人。"如此用心良苦，在逻辑说理中是很有必要的。

2. 注意词语的场景意义

语言对场合有依附性，即同一词语在不同的时间环境中会产生不同的含义。因而，说理的语言是否准确，就包括适应和利用场合的特点。比如，在干旱的季节，天气预报员播报天气时，却还用"天气晴好"之类的说法，此时的"晴好"一定会引起不少听众的反感。对"晴好"这个词，人们平时并不在意，但在连续干旱的情况下，人们的想法是：都晴出旱灾来了，还哪里来的好呢！可见，注意在语境中选择恰当的词语，对于说理的效果尤其重要。

3. 说理语言不可夸张失度、比喻失当

有人在说服别人的时候，为了促使对方趋利避害，常常说话夸张，而为了夸张，常常又使用不恰当的比喻，这样做的结果往往会适得其反，损害了语言的可信度。比如，有顾客问售货员："这种橘子好吃吗？"售货员说："非常好吃，你吃完一个就像上瘾了一样，根本停不下来，不想吃也得吃！"顾客听了不免会产生疑惑，不敢买这种橘子。如果语言夸张失度、比喻不当的话，只会产生反作用。

让事实替你说话

1938 年 3 月 11 日，希特勒的军队入侵并占领了奥地利，犹太人受到了迫害。著名的心理学家、精神分析学说的创始人弗洛伊德是犹太人，他的朋友琼斯劝说他赶快出国，以躲避这场浩劫。但弗洛伊德不同意，他说："这种时候，我不能离开我的祖国，否则，这和临阵脱逃的士兵有什么两样。"

弗洛伊德的爱国之心固然可嘉，但在这种情况下，这样想问题未免有点书呆子气，过于脱离实际了。这时如果琼斯说他："你怎么这么迂腐，不开窍！"不仅无济于事，还会引起他的反感，让他越发固执己见。

好在琼斯是个善于说理的人，他说："教授，我给您讲一个故事吧？当年'泰坦尼克号'客轮沉没的时候，轮船的锅炉发生爆炸，一名船员被爆炸的气浪推到了海里。事情过去后，有人问他：'你是怎么离开轮船的？'他很自豪地答道：'我从未离开过轮船，只不过是轮船离开了我。'"

弗洛伊德心领神会，眼中闪过一丝笑意："让我再考虑一下吧。谢谢你，亲爱的朋友。"随后，他很快出国避难。这真是四两拨千斤，一个小故事就一下子让他开窍了！

事实与道理相比，确实更具体可感，更具有说服力。但在具体的说服中，应当针对对方的症结所在，选取具有类比性的事实来体现说理的意图。所谓类比性指的是两种事物在类型、性质和某些特征上有相类似可比较的对应关系。

正是这种类似可比的事实才能促使人产生由彼及此的联想，进行逻辑推理。水手说："我从未离开过轮船，只不过是轮船离开了我。"这就启发了弗洛伊德的想法：不是我要脱离祖国，而是国家被法西斯控制，已经离开了我。因而他便打消了原先的顾虑，这就是用事实进行类比推理的威力。

说话要做到"言之有据"，就是要有事实依据，不能捕风捉影，口无遮拦。就如同打官司需要人证物证、借贷需要抵押凭证、申请项目需要可行性报告一样，说话要想让人信服，也必须提供证据来证明自己的观点，不能空洞地说表象，这就是言之有据。

有一位叫萝拉的白领，刚刚到公司行政部门工作不久，就赶上了分公司大装修。这么重大的项目，财政预算是很重要的。萝拉的上级主管出于某种原因，并没有把正确的预算申报上去，结果上面的大领导追究到了萝拉头上。

如果她是业务不过关的人，恐怕这时早已经吓傻了，幸亏萝拉训练有素，平时对手头工作又应对自如。当总经理问到她的时候，每一项开支预算她都烂熟于心，熟练而自然地将一项项数据做了汇报，让总经理不得不从心里佩服这个名不见经传的小职员。正是这件事让萝拉开始显山露水，逐步在公司站稳了脚跟。

很多人在社交场合里有良好的信誉和口碑，这不是靠宣传得来的，而是因为他们每次行动、每个计划都有科学的依据，可以赢得别人的信任。他们不会道听途说，一定要眼见为实，掌握第一手资料；他们不会以零零散散的资料信息为依据，必定整理出完整系统的材料作为参考；他们能够打破头脑中固有的老印象、老模式，从实际出发，从新情况出发，所以能够让人信服。时间长了，他们就是社交圈里的权威、龙头。

正所谓"事实胜于雄辩"，再高明的道理，如果没有事实做支撑都会显得苍白无力。巧言善辩的人，都注重讲事实与摆道理相结合。许多问题在理论上争来争去，怎么都纠缠不清，一旦拿出事实来，就会让人无可辩解。

身处各种社交圈中，总免不了给人提意见和建议，被采纳后如果不出现问题，效果很好，对方不一定会记得并感谢你；可一旦出现了问题，对方多半会把责任推到你头上来。为了避免这种尴尬局面的出现，我们应该在张嘴之前为自己准备好充分的证据，或是事实，或是数据，等等。只要能够证明你不是胡乱建议的，就可以了。

用事实说话，不等于简单的事实罗列，而应该选取最能反映本质，最能体现主题，最具有代表性，最能说服人和打动人的事实，这样才能达到最好的效果。在用事实说话时，我们可以把两个或者更多的事实放在一起进行对比，这样可以更加直观地体现出自己的观点，同时，也能让我们的观点更具有客观性和说服力。选择事实时要本着少而精的原则，说太多的事实证据会让我们的语言变得冗长，听者不容易从中获得重点。我们只需要选择最具代表性的事实，说清、说深、说透即可，同时注意选取事实的完整性，切忌断章取义。

　　说服的力量源于铁的事实，因此我们要用事实说话。在现实生活中的说理，人们都是说一些听来的事情，因而我们在用事实说话时，最好是善于用自己亲身经历的事实说话，因为亲身经历的事实比间接得来的事实更有说服力，也更亲切自然。

第三章
适当让步，曲线救国

面对分歧，求同存异

我们社交圈中每个人的阅历、知识、能力、水平、性格等各不相同，相处起来，难免会出现矛盾和分歧。这时候，就需要我们在交往中做到求同存异、坦诚相见。运用这种处世原则，我们就会与周围的人在沟通中加深了解，在相互尊重中增进感情。

如果仔细观察的话，我们就会发现身边并非都是同龄人或志趣相投者。在社交圈中，每个人的年龄、文化背景、职业经历等都不会相同。世界上没有两片相同的树叶，那么人也一样，在一个成员形形色色的团队或集体中相处共事时，对同一个问题，常常会产生差异极大的看法，以致引发不同程度的争论，稍不小心就容易伤了同事间的和气。这对我们的发展是不利的，轻则工作中受到阻力，重则被排挤出局。因此，我们需要紧紧把握好求同存异这一沟通原则。

牙齿难免会咬到舌头，人们相处久了，也难免会在沟通中出现分歧。出现了分歧，我们应当从以下几个方面入手，让分歧有缓和的余地。

1. 寻找彼此之间的"共性"

发生分歧的双方一定存在着矛盾，但也一定存在着某些共性，至少双方的目的是一致的，那就是都想如何很好地解决分歧。要

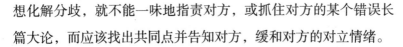

想化解分歧，就不能一味地指责对方，或抓住对方的某个错误长篇大论，而应该找出共同点并告知对方，缓和对方的对立情绪。

2. 学会换位思考

发生分歧就是因为双方都在说自己的道理，而没有为对方考虑。如果站在对方的立场上考虑一下，就可能体会到对方内心深处真实的想法，了解对方的苦衷，然后才能发现自己想法或做法的不足之处。当你说出自己的思考不周之处，并获得对方的理解，那么，对方也一定会站在你的角度去思考问题，这样双方的分歧就会越来越小。

3. 出现矛盾的时候要懂得忍让

常言说得好："忍一时风平浪静，退一步海阔天空。"要记住，争吵是解决不了问题的，只有耐心沟通，才能解决分歧。

4. 接受他人的独特个性

这个世界上没有两个完全相同的人，每个人都有其独有的性格和特点，这是我们必须要面对的一个事实，我们不要总想着说服别人。你敬别人一尺，别人会敬你一丈。因此沟通时，在不影响原则的情况下，我们不要强迫别人接受自己的观点。

解决分歧的最好方式便是沟通，但是我们需要注意，分歧产生的原因并不单是沟通不良，因为沟通过度也会造成分歧。化解分歧的沟通，前提必须是能让双方求同存异，打算彻底说服对方的言语只会演变成争论。

沉默是话语的延续

沉默既可以表示无声的赞许，也可以表达强烈的抗议，所以沉默可以蕴含丰富多彩的内容，运用得当就是拿最小的成本换取最大的利润。当然，沉默并非模棱两可的表现，反而能在一定的语境中，表达出异常明确的态度，从这个层面讲，沉默也是话语的延续，内容的升华。

艾华是一名职业律师，他全权代表自己的客户与一家保险公司交涉相关赔偿事宜。

理赔员先发话："艾律师，我知道你口才很好，而且在涉及巨额款项谈判方面的经验也很丰富，但恐怕我们无法接受你们的开价，我们公司只能开出 10 万的赔偿金，你觉得怎样？"

根据以往的经验，艾华知道无论对方开出怎样的条件都应该对其表示不满，此时，没有比沉默更好的表达不满的手段了。所以，艾华表情严肃，沉默地看着对方。其实，谈判过程中的讨价还价是高潮部分，此时的沉默也暗示着对方提出第一套方案之后，会根据你的反应来判断是否再拿出第二套、第三套方案。

果不其然，理赔员等了一会儿，看艾华始终不做表态，有点沉不住气了，说道："抱歉，请不要介意我刚才的开价，12 万你觉得如何？"

艾华沉默了一会儿后说道："抱歉，接受不了。"

理赔员继续说道："那13万总可以了吧？"

艾华依旧沉默了一会儿才开口说道："13万？嗯……不行。"

理赔员显然有点心慌了，因为这个案子如果再拖下去，会对自己公司的形象造成负面影响。思索了片刻，理赔员再次开口说道："好吧，那就14万吧，再多的话就超出我们可以忍耐的极限了，到时候只能让法院来解决了。"

艾华感觉对方确实已经做出了最大的让步，而且也已经达到了委托人13万的最低赔偿要求，决定是时候"收网"了。但他没有立刻答应，而是又沉默了一会儿，表情还是很严肃，甚至有点愁眉不展，最后说道："我知道你们也是在尽最大的力量解决这一问题，但我也有自己的使命。这样，你们就赔偿15万吧。今天这个事情做个了断，回去后，你向公司汇报，我向自己的委托人说明，说不定咱们以后还有更多的合作空间。"

就这样，一场充满沉默的谈判，让对方的赔偿金增加了50%。

谈判是考验脑力和耐力的场合，双方要互相揣摩对方的心理，并就对方的反应做出灵活机智的应对。在谈判过程中，如果一方不表明自己的态度，只用沉默或"不知道"应对，就会给另一方造成不必要的心理干扰，进而让对方提出有利于自己的条件。在上述谈判中，艾华就是利用这一战术，让保险公司的理赔员不断为赔偿金加价。

当然，谈判不一定是在桌子旁展开的一对一的正面交锋，也可能是生活、工作中的琐事，此时，巧用沉默也可以达到震慑对方的作用。

老谭是某公司的领导，某天交代秘书小张去办一件紧急又棘手的差事。当然，老谭知道小张有这个能力去做好这件事。不过，与以往的服从不同，小张这次竟然和老谭谈起了条件，还抱怨工作累、时间紧、任务重。其实，对于小张在态度方面的这种转变，老谭心里很清楚，就是因为和他同时来公司的一个小姑娘因为办事勤恳，不到半年时间就升职加薪了，而小张虽然工作也很勤快，但他的直属领导一直都没有表态。老谭平时很随和，也很少给下属脸色，但这次为了降降小张身上的锐气，在他们"谈判"的过程中一直保持着沉默，而且还直勾勾地盯着小张看。小张刚开始时还底气十足，可结果越到最后越语无伦次，最后连自己都不清楚怎么就拐到了向老谭保证说："您放心，我保证完成您交代的工作。"

其实，沉默也并非完全不说话，有时候也可以通过转移话题来表达不满或者不屑，让对方意识到自己的想法有点出格，从而自动回避。总之，在和别人谈判的时候，巧用沉默也会获得意想不到的能量。

以退为进，避免至刚易折

中国有句老话叫"过慧易夭，情深不寿"，同样，过于强势反而会对自己不利。特别是在谈判桌上，有时候双方较量的不是临场的应变力，谁更强势，谁的声音更响亮，而是看谁更讲究策略、谁更能耐住性子。谈判桌上有两种人最难对付：一种是反应敏捷、伶牙俐齿的强者，一种是反应迟钝、犹豫不决的愚者。真正的愚者恐怕永远也做不到强者的气场，但精明的强者却可以伪装自己，让自己看起来像弱者。

两家分别来自日本和美国的公司进行谈判，从早上9点一开始，整个局面就被美国公司的谈判代表牢牢地握在手里，他们还时不时地向日本公司的谈判代表发问。他们通过播放PPT，详细地介绍了各种图表、数据，但是日方代表始终一言不发，只是静静地坐在那里听着。两个小时之后，美方代表关掉了放映机，心想日本人应该不会有什么反对意见了，便询问日方代表的看法。

一位日方代表面带微笑，略显失望地说了一句："我们还是不太明白。"

"不明白？你能说一下是哪一块不明白吗？"

"都不明白。"

美方代表压住心中的怒火，问道："能说具体一点吗，从哪里开始不明白的？"

这时，另一位日方代表说道："就是从你们打开放映机开始播放的时候就不明白了。"

美方代表顿时傻眼了，问道："那怎么办？"

第三位日方代表说："那就劳烦你再讲一遍吧！"

眼看马上就到吃中午饭的时间了，而且刚才是用了两个多小时才讲完的，如果再讲一遍，不知道要到猴年马月。美方代表就像泄了气的皮球，最后不得不放低要求，和对方达成协议。

美国公司准备得很充分，显然是有备而来的，日方代表如果和他们正面交锋，很难占到便宜，所以他们采用以退为进、大智若愚的办法，从侧面进攻对方的心理防线，最后如愿。

19世纪末，一家法国公司准备在哥伦比亚的巴拿马省开凿一条连通大西洋和太平洋的运河，经过谈判，双方最后达成了协议。工程如期开工，但该项目的法方负责人很快就发现，因为当地地形恶劣，工程进度比预想中要慢得多。没过多久，公司就因资金短缺导致运营陷入了困境。最后，综合考虑之下，法国公司不得不决定将巴拿马运河的开凿权准备以1亿美元的价格卖给美国政府。美国方面早就对巴拿马运河产生了浓厚的兴趣，此时却故作姿态，拿出一份报告说在尼加拉瓜开凿运河更省钱。报告中提到如果用1亿美元购买巴拿马运河的开凿权，还不如在尼加拉瓜开运河。

法国公司对美国政府的这种潜在想法大吃一惊，同时也担心美国政府会退出，就同意削价，只需4000万美元就可以了。

对于这样的价格，美国政府仍然感到不满意，就又提交了一套方案，说如果美国政府能同哥伦比亚政府达成协议，就同意开凿，否则还会选择尼加拉瓜。

这样，哥伦比亚政府也坐不住了，最后勉强同意以100万美元的价格长期租给美国一条运河区，美国每年另付10万美元的租金即可。

美国政府就这样用"以退为进"的策略让法国公司和哥伦比亚政府屈服，以低价攫取了巴拿马运河的开凿和使用权。

以退为进巧示弱就是让对方看到自己的"弱势"，从而让他们放松警惕，这样就容易掌握对手的真正意图，这个时候再想用什么方式取胜就是技术问题了。在很多情况下，经验丰富的谈判高手的心理很难被摸清，这时就需要用分析和推断来为对方"把脉"。如果对方有打持久战的意图，不妨冒险以退出恐吓对方，等打破僵局后再谋出路。

想让对方在关键问题上让步，就不要急于表现出来。当然，你可以在较小问题上先让步，不过最好不要草率，以免对方看出你的意图。在谈判过程中需要吊足对方的胃口，因为只有那些他们真正努力争取过的东西，才会让他们满意。所以，在让步之前，先让对方争取。

能坐在一起谈判，就说明需求是双向的，明白了这个道理之后，就应该利用对手的弱势，在谈判中采取以退为进的策略，弱化自己，隐藏企图。最后，等对方的忍耐到了一定地步时，再抓住机会迫使对方就范。

软硬兼施，恩威并济

在谈判过程中，一味地和气、退让，有时并不能赢得对方的尊重、信赖，反而会让对方觉得你软弱；如果一上场就态度强硬、咄咄逼人，也会让对方觉得你缺乏诚意，从而给人留下不好的印象。此时，正确的做法应该是"软硬兼施"。特别是在商业谈判中，强硬可以让对方感觉到你的决心，柔软可以让对方感觉到你的诚意，从而增进友谊，加深信任。

软硬兼施可以由一个人完成，比如先礼后兵，再由强变软，这样一波三折之后来促使谈判成功。事实上，软硬兼施如果由两个人来完成效果更佳，这就有点类似于双簧。

在谈判过程中，由一个人扮演强硬派，也就是我们常说的"红脸"，在谈判开始时果断提出高要求，并坚决不退让；另一个人则扮演温和派，即"白脸"，当谈判进行不下去的时候，他出来圆场，并负责寻求解决的办法。

伍斌是一家公司的销售总监，一次他们公司和一家大客户准备签订一份非常重要的合同，眼看马上就到签署日期了，结果代理费还没有谈出一致的结果。如果公司让步，就意味着每年多付几十万，相当于公司年利润的五分之一。

面对这种严峻的形势，伍斌想到了一个好办法。他决定让总经理出面和自己演一出双簧。总经理扮演红脸，态度坚定，激怒对方；伍斌扮演白脸，充当和事佬，挽留对方。刚开始，总经理还觉得这个方法有点冒险，后来听了伍斌的分析后，觉得可以一试。原来伍斌已经对那家公司做过调查，得知自己的公司也是对方极力争取的客户，所以他们不会因为对总经理的印象不好就终止谈判。

谈判当天，总经理直接进入主题，并态度强硬地表明了自己的立场："最高6％，一边是高利润分成，一边是高额加盟费，咱们还要不要合作了？不要嫌我脾气不好，多少公司都是这样谈的。如果要继续合作，你们就拿出点诚意，要不然我们非被你们这一棍子打懵了不可。"为了加强语气，总经理甚至拍着桌子说："就是这个价格，一分钱都不能让了！"

对方负责人听完后脸色发青，十分尴尬。这时，总经理站起来说："我实在是不想和你们再谈了！"说完，转身拉开门就出去了。

接下来，会议室鸦雀无声，场面十分尴尬，会议也不了了之。

当天晚上，伍斌给对方负责人打了个电话，说道："你们先消消气，我们总经理性子是急了点，不过他也是对事不对人。咱们是做生意的，又不是斗气的，你看这样行吧，咱们明天再谈，这次我来和你们谈，怎么样？"

对方感觉伍斌态度谦和，说话也让人感觉舒服，就同意了。

第二天，伍斌准时到达会议室。而且为了强化他们对总经理的坏印象，还特意穿了一件和总经理款式一样的西服，唯一的区别就是颜色不同。

对方负责人先发话："昨天你们总经理提出的6%我们无法接受，我们只能让到10%。"

伍斌面露难色地说："你们说的10%也超出了我的权限，如果非要这样，那就不得不请出我们总经理了。"

一听还要请总经理，对方脸色顿时就变了，说道："要不这样吧，还是和你谈，价格咱们再商量一下。"接下来，双方谈判时，伍斌始终保持微笑，语气也彬彬有礼，双方的谈判也十分愉快，最后价格定在7%，比总经理预想的8%还好一点。

很显然，如果把伍斌和总经理的面孔分开来看，那么便不会觉得有什么奇异之处；可如果将他们两人的面孔合在一起看时，则产生了神奇的效果，这就是双簧的奥秘。采取这种策略的时候，双方一定要配合默契，在重大问题上要事先约定形成共识：什么时候应当强硬，什么时候应该妥协；什么条件是己方必须要遵守的，什么条件是可以为了对方做出让步的。当时机成熟，火候到了，就要果断出击。

在商业谈判中，还可以把双簧倒过来演。比如，你先在不太重要的问题上让步，然后在关系重大的问题上由你的同伴出面。此时，你的同伴会对你说："刚才你已经很慷慨了，但在这一点上，你不能再让步了，因为我们已经让的够多了。"此时，你看着谈判对手为难地说："你也看到了，我已经尽力了，接下来就由你们决定吧。"这种把戏或许会被经验丰富的谈判者一眼识破，但在长时间紧张谈判的压力下，往往也能奏效。

示弱，以四两拨千斤

在说服别人的时候，适当示弱，可以博取对方的同情，从而让说服变得更加顺利。那么，为何示弱就可以博取同情，并增强说服力度呢？这是因为人具有与生俱来的同情天性。

亚当·斯密曾经说过："最大的恶棍，严重触犯社会法律的人，也不会全然丧失同情心。"的确如此，人们总会对别人的命运产生兴趣，不论是别人的幸运还是不幸。当一个人亲眼看见，或设身处地地想象到他人的不幸时，心中就会产生怜悯或同情。这种情感并非只专属于善良之人，也存在于每个人的心底，哪怕是十恶不赦的恶人，一样具有同情心。

在与人沟通时，要善于揣摩对方的心理，利用人类普遍具有同情心的天性，想方设法引导对方与自己产生同样的感受，就可以达到让对方产生同情心的目的。一旦博取了对方的同情心，事情就会顺利解决。因为对方已不在心里对我们设防，这样一来，我们就可以动用智慧，以巧妙的方式将我们的想法灌输给对方，进而让他们接受我们的建议，以达到说服的目的。

一个小女孩被人拐骗到了广州。当天夜里，天空下着小雨，这个小女孩战战兢兢地待在一间破旧的房子里。突然，房门被推开了，一个中年男人走了进来。当时小女孩非常害怕，不过，她很快就恢复了镇静的神态，并亲切地喊了一声"伯伯"。中年男人听到这一声"伯伯"，整个人就像是被施了魔法一般定在那里。

小女孩接着又小心翼翼地说："伯伯，我一看您就是个好人，您的年龄和我爸爸差不多，可他的命却要比您苦多了。他在乡下种田，去年栽秧时因为天气太热而中暑了……"小女孩说着说着就哽咽了，最后眼泪哗哗地流了下来。中年男人听完小女孩的讲述，沉默了一会儿，红着脸对小女孩低声说了句："谢谢你，小姑娘。"然后便离开了。

第二天，拐骗小女孩的人也离开了。小女孩找到派出所，被警察送回了家。

这个故事中的小女孩很聪明，在面对强大对手的时候，用苦难强化自己的弱小，以达到激发对方对其同情的目的。她用一句"伯伯"，立马将两个人的年龄拉开了距离，同时，也让对方想到自己那个同样处于花季的女儿，于是，同情的种子便开始在他的心里萌芽。接下来，小女孩又不失时机地用一句"好人"给对方戴了一顶高帽子，以此引导他将自己与"好人"并列。另外，她用"我爸"和那位中年男人对比，再次让对方的同情心理得到强化，从而逃脱了一场劫难。

同情心是人类客观存在的天性，因此，以弱克强博同情的技巧是很值得人们尝试的说服技巧。

乔治·H.米德在《心灵、自我与社会》中写道："要同情某人，就必须有与另一个人的态度相应的一种反应。如果没有这样的反应，人就不能在他自身唤起同情。另外，如果那个同情者要在他自身唤起这种态度的话，还必须有合作，有被同情的应答。"
由此可见，当我们想说服对方时，就有了一种与之合作的需求，
我们可以利用人与生俱来的同情心，用充满感情色彩的语言去唤
醒对方的感受，让他们与我们共同进入同一个情境，通过想象来
感受我们同样的感受，进而对我们的需求做出积极的回应。

　　说服他人说简单也挺简单，说复杂倒也很复杂，关键看我们
如何面对被说服者，如何从有利于达成我们目的的出发点来进行
说服。生活中，很多人都懂得利用他人的同情心来达成自己的目
的。或许有人会说，最看不惯别人装可怜的样子，事实上，在某
些时候，装可怜会帮我们的大忙，特别是在面对强大的对手时。

主动道歉，显示自己的诚意

电影《窈窕绅士》中有一段极为搞笑的场景：林熙蕾饰演的女主角为了将孙红雷饰演的男主角从一个暴发户改造成翩翩君子，手里拿着一瓶辣椒水，要求男主角不管说什么都要以"对不起"开始，以"谢谢"结束，否则就用辣椒水喷他。尝试了几次辣椒水的威力之后，男主角终于转变性子，养成了不管说什么都不忘加上"对不起"的习惯，最后还真的有点"窈窕绅士"的模样。

我们当然不能在会道歉和绅士之间画等号，但这个故事至少让我们明白了一个道理：道歉的话说到点上了，至少能保护自己。一句"对不起"可以让莽夫变绅士，貌似神奇，其实这只是道歉的智慧。当父亲扬起巴掌准备教训不听话的孩子，突然听到一句"爸爸，对不起，我错了"时，他会作何感想；当夫妻闹矛盾争吵，火药味十足，一方缴械投降，并真诚地说"对不起，这件事主要责任在我"时，另一方会作何感想；当领导的批评像失控的铁球一样朝自己身上砸来，下属趁机赶紧说"对不起，是我没有考虑周全"时，领导会作何感想？有时候，一句"对不起"真的会成为保护自己最有力的盾牌。

唐芬在一家火锅店当服务员，周末的时候，遇到了一位难缠的女顾客。她先把菜单递给顾客，让对方选择底料和需要的菜品，自己则站在旁边等待。结果对方看了将近20分钟也没有选好。这时，店里的顾客越来越多，唐芬便撇下这位女顾客去招待其他顾客。没想到女顾客一见唐芬走了，脸色顿时大变，大声嚷嚷着："你们这是什么服务态度啊！明明是我先来的，凭什么把我撂在这里不理不睬？"随后，她拿出几张百元大钞，往桌子上一拍，又嚷道："是怕我吃饭不结账吗，还是嫌我点的太便宜啊？"

大多数服务员面对这种不讲理的顾客时，会和对方发生正面冲突，好在唐芬是一位老员工，经验比较丰富。她压住自己的情绪，向其他顾客打过招呼后，快速走到这位女顾客那里，解释道："对不起，请您原谅。最近店里生意比较忙，对您照顾不周，让您久等了。谢谢您对我们做出如此坦率的批评。"

唐芬几句话说完，女顾客顿时羞愧难当，不好意思地笑了笑，说："哎，也不是，刚才我说话也有不中听的地方，也希望你别介意。"说完，就把自己填好的单子交给了唐芬。

等女顾客结账的时候，唐芬还亲自把对方送到门口，顺便塞给对方自己店里的一个纪念品作为礼物。后来，这位女顾客成了这家店里的常客，而唐芬也因为自己的机智赢得了晋升的机会。

唐芬在关键时刻能够稳住自己的情绪，诚恳地说出"对不起"，这不仅压住了对方的火气，还让对方觉得不好意思。我们总说"有志不在年高"，其实有理的人也不在"声高"。说话不一定要振聋发聩、咄咄逼人才有分量，像唐芬那样，用道歉、谦让的方式本身就能赢得他人的尊重，而自己的尊严也会得到保护。

刘威是货车司机。一次，他载着几位朋友行驶在公路上，边开边听音乐。由于他的车开得比较慢，又行驶在路中间，而公路又比较窄，导致后面的面包车无法超车。面包车按了好几次喇叭，刘威都没有听到。终于面包车看准了时机，从刘威的车侧面超了过去，并停在他的车前，挡住了刘威的路。从面包车上下来几个人，对刘威一顿臭骂，而刘威的同伴也不甘示弱，纷纷挽起袖子，打算干架。这时，刘威赶紧走到大家中间，充满歉意地对面包车里的人说："各位朋友，挡了你们的路，是我不对，也确实该打，但我真的不是故意的，看在这个份上，你们一会儿动手的时候，最好轻点、快点，也别耽误你们赶路。"

听刘威这么一说，对方都忍不住笑了出来，说："算了。"就这样，危机被刘威的一句调皮的道歉话化解了。

不要在心理上形成认为说"对不起"是一件没面子的事情。相反，在明知自己"对得起"的情况下还能够低下头向对方说"对不起"，不仅是一种勇气，也是做人的智慧。当我们想向他人解释某件事情时，如果一味强调客观条件的不足，或者总是替自己辩解，那么对方会觉得你是想抵赖或者推卸责任。对方一旦有了这样的认识，那么你的解释越多，就会把自己的路堵得越死。向他人解释的时候，不管理在哪边，都不妨像《窈窕绅士》中孙红雷饰演的主角一样，先说"对不起"。

　　面对他人的刁难、指责，学会放低姿态，主动赔礼，会充分显示自己的诚意。当然，低姿态不是一味地任凭别人摆布，而是把"理"讲到位，同时把"礼"做到位。如果道歉之后对方仍继续嚣张，此时再考虑"后兵"的战略，也不会让你在道义上处于劣势。

说话不较真，放人一马又何妨

说起较真，算不上是坏事，它是对事物的认真。若是用在工作或学习上，十分在乎细节，无论做什么事，只有认真去做，才可以保证质量与进度，努力做到最优秀，这当然是好事。但若把较真用于人际关系，则会适得其反，太较真就会斤斤计较、锱铢必较，这势必让别人产生反感乃至厌恶。因此，做事与做人是不能用同一种态度的，人做好了，事情才能好做。不过，怎样做到不较真却是一门学问，甚至是一门穷尽一生都不一定能勘破个中因果的大学问。

篮球运动员乔丹与皮蓬当年同在公牛队。皮蓬当时也是一位十分优秀的篮球队员，他是公牛队最有可能超越乔丹的新秀。不过皮蓬性格孤傲，他经常对乔丹流露出一种不屑一顾的表情，而且还经常私下和人说乔丹某方面不如自己，自己以后一定会超过乔丹之类的话。这些话当然也曾传到乔丹耳中，但他并没有介意，反而对皮蓬处处加以鼓励。

乔丹有一次问皮蓬："我们两个谁的三分球投得更好？"

皮蓬不耐烦地回答："当然是你，你真是明知故问。"

当时乔丹的三分球成功概率是 28.6%，而皮蓬稍低，是26.4%。不过乔丹却笑着说道："不，你比我强！因为你投三分

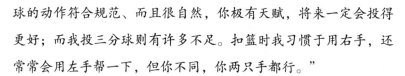

球的动作符合规范、而且很自然，你极有天赋，将来一定会投得更好；而我投三分球则有许多不足。扣篮时我习惯于用右手，还常常会用左手帮一下，但你不同，你两只手都行。"

事实上，连皮蓬自己都没有注意到这些细节连。他被乔丹的宽容深深感动了。

在一年之后的一场 NBA 决赛中，皮蓬的成绩是 33 分，而乔丹只得了 30 分，皮蓬成为公牛队比赛得分首次超过乔丹的队员。比赛一结束，乔丹与皮蓬就激动地紧紧抱在一起。

人要有一颗宽阔的心！我们给别人以宽容，就等于给自己宽容。每个人都可能犯错误，但并不是每个人都可以容忍他人的错误。而这少数的人，就是成功的人。学会容纳，容纳他人的生活习惯，容纳他人的错误，只有这样才会和别人合作，才会得到别人无私的帮助！

放人一马是种美德，它既是对他人的包容和接纳，同时也是对自己的友善与安慰。宽恕是一种修养和境界，是一种非凡的气度与高贵的品质，更是一种生存的智慧和能力。你越宽恕，就越快乐、越幸福。乔丹正是用宽容赢得了一位真心相待的"战友"。

做人固然不能游戏人生，但也不能太过认死理。要知道，"水至清则无鱼，人至察则无徒"，如同镜子一般，虽然它看上去是平滑的，但在高倍放大镜下，它就像崎岖的山峦；肉眼看着洁净的东西，在显微镜下看则满是细菌。较真，正如随时拿着放大镜在生活，当你拿放大镜去看别人的错误时，恐怕对方已经是无可救药、罪不容诛了。

在菜市场，一个女人和一个卖菜的老人吵得不可开交，番茄、菠菜、豆芽掉了一地，有些已经被踩得不成样子了。原因是：女人清晨买了5元钱的黄豆芽，现在快中午了，她提着黄豆芽来找卖菜的人，说回家称了，差二两。卖菜的老人则坚持不补给她，因为菜已经卖出快4个小时了，豆芽本就属于"水菜"，过一段时间差些斤两是正常现象。女人一气之下把老人的菜摊砸了。争执了半晌，老人报警，最后双方跟着警察去处理问题。

这件事的最终结果如何我们不知道，但生活中确实总有些人经常为一些微不足道的小事争执不休，结果只有两种：轻者双方生一肚子气，不欢而散；重者双方大动干戈，后果不堪设想。

古今中外，凡是能成大事的人，一定都有容人的雅量。人非圣贤，孰能无过。与人相处要有容人之量，求大同存小异，这样才会有许多朋友；反之，过分挑剔，眼里容不得沙子，鸡毛蒜皮的小事都一定要论出曲直，则只能成为令人避之唯恐不及的人。更何况为一些小事起口舌之争实在不值，因此，放人一马又何妨？事实上，人际交往中的摩擦与人群中摩肩接踵的磕碰一样，是在所难免的，每个人的生活环境、成长经历都不同，对一个问题的看法不可能一样。遇事不较真，放人一马，反而显出你的大度，也会让僵持的局面得到缓解。

第四章
提问和回答的智慧

让对方一直点头的问法

如果你的一连串问题会让对方一直点头给出肯定的回答，那么就会使他整个身心趋向肯定的一面。如果对方对你表示肯定，而且心里呈放松状态，那么你们的谈话气氛自然变得和谐，原本的偏见也会荡然无存，达成一致便不成问题。那么如何才能让对方给出肯定回答呢？

通常情况下，人们对于很多的事情事先并没有特别的主观意见，只有在被问到之后才开始真正思考。因此，问问题的人就存在很大的发挥空间，可以运用诱导或暗示的方法引导对方说出设定好的答案。

每个人都会在意别人对自己的看法，这是人性中所共有的特点，所以人们在回答自己也还不太确定的问题时，便会思考"我这样回答会令对方怎么想呢"。这个时候，如果提问者在问题里预设了答案的"倾向"，就会让回答者不自觉地想要往那个答案靠拢。比如，你想要让上司亲口称赞你设计的产品外观，于是你问他："您觉得我设计的如何呢？合您的意吗？"很容易得到这样不确定性的回答："这个嘛，好像也还好，怎么说呢……"但如果是这样问："您觉得我设计的如何呢？我考虑到简洁、环保等因素，同时也考虑到了节约成本，这些都是按照您的要求，是吧？"大多数的人都会不知不觉地顺着你的话回答："是啊，真的很不错。"

再比如，你想约一个总爱迟到的人，可以使用"限制法"提问，将结束的时间提前告诉他。如果你跟对方说："晚上 6 点老地方见，好吗？"很可能他就会跟平常一样姗姗来迟。但如果你说："我晚上 7 点还有事情，所以我们就约 6 点，在老地方可以吗？"这样就能给对方时间压力，使其有意识地避免迟到。

使用让对方说"是"的问法，我们还需要注意以下两点：

1. 创造出让对方说"是"的气氛

提出的问题必须经过我们的细心考虑，不能想到什么就问什么。

一位销售员在推销产品时与顾客进行了一场对话：

"今天天气还是和昨天一样闷热，是吗？"

"是啊！"

"听说最近通货膨胀、治安混乱，是吗？"

"是的！"

"现在这么不景气，大家赚钱都不容易了，是吧？"

"可不是嘛！"

这一类问题看似拉近了两人的距离，好像也创造出肯定的气氛，不论推销员如何说，对方都会回答"是的"。可是，注意他问话的内容就会发现，全都是消极、悲观的抱怨话。这种气氛让人无心购买任何商品。因为顾客在听到他的询问后，会变得心情沉闷，自然没法将兴趣集中在商品上。

2. 改变提问题的方式

如果你想要使你的提问更容易获得肯定的回答，不妨在问题中暗示你想要得到的答案。比如，一位销售员发现顾客在某件商品展台前流连，便上前去问对方喜不喜欢，想不想买。比较内向的顾客很可能会排斥这种非常直接的问题，他可能会摇摇头走开。如果销售员这样问："您一定很喜欢，是吧？"对方一定无法排斥这样的问题。在对方还没有回答之前，销售员一边问一边点头，也会诱使对方做出肯定的回答。

能够让对方说"是"的问法，总是需要结合一些心理学的技巧。有时不论你多么替对方着想，如果不能很好地传达，对方也不会为之所动。因此，你必须在你的问题中加入鼓励与暗示性的元素，让听者听着舒服，不自觉地顺着你的话说。

同一个问题，不同的问法

假设你现在并不是一位高效能的管理者，而是一项重要的新项目的员工。在这个仅有 5 个人的团队中，为了早日达成工作目标，你每天都要工作 12 ~ 16 个小时。此时，你愿意从团队伙伴那里听到什么样的问题？

A：这周你的工作能完成吗？

B：本周 ×× 任务的最后期限到达以前，你有什么需要吗？

很显然，后一种问法会让你更愿意接受，同时你也会注意到"最后期限"的时限问题，从而调整自己的工作进程。

A 问题是封闭式的问题，它需要被提问人简单地回答"是"或者"不是"，而无须阐述详细内容或者表达任何的情感。虽然这样的回答可以给提问人肯定或者否定的答案，但是，这却很容易激发起回答者的紧张感、怒气与防御心理。

相比之下，呈现出开放状态的 B 问题便显得柔和亲切了很多。回答这一问题时，提问人赞赏了被提问人已经完成的工作，愿意为其提供进一步的帮助。这一答案肯定比"是"或者"不是"的答案更好，因为它寻求的是更有价值的信息输入——虽然你依然需要花时间完成手头上的任务，但是，现在你感觉自己被看成了对方的同事，被尊重、被欣赏了。

同样的一个问题，措辞略有不同，但效果却相差甚远。举例来说，"卫生间在哪里？"和"在哪里有卫生间？"这两个问题意思完全相同，可是听者却听出了不同的意味，因此就有不同的答语。针对这一点，我们在平时沟通中必须特别留心。

否定式发问会使问题模糊不清。比如，一个女孩这样问他的男朋友："你昨天晚上喝了酒，所以没有回家吗？"他的男朋友也许喝了酒但回了家，也许没有喝酒却因为加班所以没回，所以，这个问题无法用"是"或"不是"来回答。

再比如，有人问他的朋友："你觉得这个假期的电影不算有好看的吧？"估计听者一时也想不出应该如何来回答这个问题，该回答"有"呢，还是"不算有"呢？问题实在是令人费解。

年龄一直以来都是个敏感的话题，直接询问常常不能获得满意的答案。尤其是对于女士们，贸然询问她们的芳龄，很有可能会被认为是一种侮辱。

有位经验丰富的推销员常以这样的方式得知女士的年纪，他先问对方："你看我今年多少岁呀？"对方回答："30出头吧！"推销员说："你猜得真准，我今年32岁。"然后，他故意把对方估计年轻一些："您呢，看上去比我要小很多，我说的没错吧？"对方很高兴地回答他说："哪里，我都快40岁了！"

不同的问法会左右你获得的结果。比如，你在公司例会中询问大家是否赞同你的提议，你也许会发现同事们意兴阑珊，表示赞同的寥寥无几。其实很多人的心中并没有明确的倾向赞同或不赞同，所以当你问"谁赞同"的时候，自然很少人会响应。在这种情况下，你不妨问"谁不赞同"，也可能得到一样的状况。如果你想获得更多的赞同，征询同意时，可以这样问："请反对的人举手，如果大家都不举手，那么这个提议就算通过了。"你会发现，几乎没有人明确反对你。

不同的问法会收到不同的效果。比如你在餐馆里点菜时，若问服务员："今天的基围虾新鲜吗？"这无疑是句废话，因为她一定会说新鲜，除非她与你很熟。而如果你换一种问法："今天有什么好的海鲜？"就会有不同的效果，服务员会听出你对她的信任，于是会将真正的美味推荐给你。

由此看来，提问技巧的确称得上是一门艺术。要想问得巧，就要掌握几种恰当的提问方式：

1. 选择型提问

这是一种比较随意的提问方式，表明提问者并不在乎对方的选择。比如你到朋友家做客，但对方并不知道你想吃点什么，于是会问："今天吃点什么？牛排还是三文鱼？"当然，你可以选择其中的一种，也可以选择吃或不吃。

2. 限制型提问

这种提问方法有明确的目的性，被提问者拒绝的机会很小，一般都会帮助提问者获得理想的答案。当我们到咖啡厅点一杯咖啡的时候，侍者通常会询问是否需要加牛奶？我们可以选择加或不加，加哪种牛奶。而如果侍者不问你是否加牛奶，而是直接询问你加哪种牛奶，是普通的还是进口的，是全脂的还是脱脂的，如此一来就将你的选择范围缩小了。

3. 婉转型提问

有些提问需要花点心思，如果过于直白，就无法达到目的。比如一个男孩喜欢一个女孩，但他并不知道女孩对他是否有好感，又不想太过直接，于是会婉转地问道："我可以送你回家吗？"如果女孩察觉到男孩的心思，拒绝他的提议也不会让双方太尴尬。

4. 协商型提问

假如你想要别人赞同你的想法，就该跟他用商量的口吻交流。比如，你要为上司起草一份文件，待你把要求了解清楚后，不妨问一下："您看这样写是否妥当呢？"

巧妙的提问，正确的问法，可以减少听者的逆反心理，可以从他的回答中了解到更多的有用信息。恰当的提问，可以引导他人按照你的方向去展开谈话，按照你的思维方式去考虑问题，以达成你希望得到的结果。

提问时抓住技巧很关键

有一个名叫布丽安娜的女孩，她的第一份工作是在餐厅做服务员。原本信誓旦旦要做好服务工作的她，却在第二天被老板辞退了。其实她并没有做错什么事，只是在询问客人的时候，问了不该问的问题。那天中午，布丽安娜刚到餐厅不久，就有3位客人走了进来。她热情地迎了上去，并拿出了菜单，请客人点餐。第一位客人点的是黑椒牛排；第二位客人点的是意大利面；第三位客人点的是吐司比萨，但是，他特别强调要一杯啤酒，而且用干净一点的杯子。

很快，布丽安娜端着这3位客人所点的菜，一边朝他们坐着的方向走来，一边还大声地向这3位客人问道："请问哪位要用干净一点的杯子盛酒？"客人听了面面相觑。老板听了布丽安娜的这一句问话，毫不客气地向她下了辞退令，因为她的问话使老板脸上很无光。

从布丽安娜的问话中，顾客很容易就能听出弦外之音：首先，这家餐厅的杯子不都是干净的；其次，这里的服务员素质不高，记性也不好。可见，学会提问也是口才训练中的一个重要内容，问得不恰当，会拉低一个人的整体形象。

要恰当、得体、有效地提问，就要掌握一定的提问技巧。对此，口才专家们总结出以下几点：

1. 认清对象，有选择地提问

你提出的问题一定要符合对方的年龄、身份、性格、素质等特点。你可以问一位男性："你在哪里工作？""收入不错吧？""家里有几口人？"这是男性聊天时很常见的话题，没有人会特别在意。但如果你这样问一位女性，就很可能被认为是打听别人隐私的不礼貌行为。

在我们的日常交际中，有热情直爽的人，同样有沉默寡言的人；有文静端淑的人，也有急躁蛮横的人；有高傲冷峻的人，也有谦虚低调的人；有诚恳真挚的人，也有狡黠多疑的人……针对不同性格的人，我们提问的方式也应当有相应的变化，或单刀直入，或迂回进攻，只有这样，才不会发生尴尬而进退两难。

在问答过程中，我们提问的内容和方式都会给对方的心理产生一定的影响，因此，提出的问题应注意对方的心理特点。提问人必须根据被问人的心理特点进行提问，这样才能达到提问的目的。我们在提问的时候，应该考虑到被问人的心理活动。比如，我们去探望病人时，就不应问："病情严重吗？是否会恶化？"对方正在为病情焦灼不安，这样问肯定会雪上加霜。

另外，如果问题问得不合适，被问人就会产生抗拒心理、回避心理、揣测心理，我们提问的目的便无法达到。

2. 明确目的，有针对性地提问

在沟通中，提问一方在心理上处于主动地位，不仅能够决定对方说还是不说、具体说什么、然后怎么说，而且也决定了双方的交谈程序和交际气氛，所以，提问也应注意目的，有针对性地提。

提问的目的要与场合和氛围相结合，气氛是冷淡或是融洽，对提问的效果有很明显的影响。

针对不同的目的，我们可以选择不同的句式和语气，使气氛舒缓或紧张，进而对被提问的人的心理带来不同的影响。

下面是针对嫌疑犯的一段审问：

"你昨晚去没去过会计室？"

"去过。"

"一个人还是几个人？"

"一个人。"

"去干什么？"

"偷钱。"

"偷没偷？"

"偷了。"

从上面的例子可以看出，严肃地提问可以制造紧张的气氛，因此收到了较好的效果。

又如一位老人同她远方的小外孙在电话里的一次对话：

"冬天过得好吗？"

"好。"

"滑雪了吗？"

"没有。"

"你见到了许多小朋友吧？"

"嗯。"

"你爱吃巧克力吗？"

"爱吃。"

这样的问答听起来气氛沉闷，没有什么亲切感，但是老人只是想和小外孙亲近亲近，但又不知道怎样才能让他说话，因此只好接二连三地问一些相互间并没有什么联系的问题。这种闭塞式的提问，当然不会打开对方的话匣子了，这样的提问自然也无法达到预期的目的。

提问前尽量考虑到如何由提问转到表达。有时人们提问的目的是要对方听自己表达，这就需要提前设定提问内容。

公交车上，一位中年人给一位妇女让座。妇女一声不吭地就坐下了。

中年人问："嗯，您说什么？"

"我没说什么呀！"

"哦，抱歉。那可能是我听错了，我刚才好像听到你说'多谢'了呢。"

中年人的目的是引出自己后面对女方的批评，这样提问显得含蓄而又表达了不满。

3. 讲究方式，提高提问水平

一位口才专家曾说过，要使对方乐于答话，不如挑他擅长的来询问。比如，一个人足球踢得好，你就可以先问："听说你的足球踢得很好，你在球场上踢什么位置？"你的提问如同踢给对方一个足球，你以对方的特长发问，就像特意将球传到对方脚下，他当然乐意接住，进而畅谈不休。所以，有人把提问称为"谈话中的传球"，这一比喻是很恰当的。

当问则问，不当问则不问

　　问，贯穿于人与人沟通交流的始终，比如，小到陌生人之间的寒暄，大到国家之间的磋商。从表面上看，问的重心在回答者一方，所以难度也在回答者一方。事实上，把问题问到点子上很能考验一个人的说话能力。针对应该问的问题，你问到了，对方答得愉快，你自己听着也悦耳；针对不该问的问题，你问到了，别人尴尬，你也着急。所以，问还是不问，这是一个值得思考的问题。

　　那么，有哪些问题是该问的呢？首先，就是那些明知故问的问题。比如，"听说你最近买了一个iPhone，用起来很酷吧？""听说你最近又出了一本历史题材方面的书籍，一定很畅销吧？"事实上，你对自己所问问题的答案多少都会有所了解，但你还是想通过这种问的方式，让对方感觉到你很在意他，从而赢得对方的好感。接下来，你们可能就会针对你问的这个问题展开更广泛的讨论，互相之间的关系也会更为融洽。

　　好奇心人皆有之，用对地方了，会让自己从中获益良多，但是如果用不对地方，那么就只会给自己带来麻烦。比如，控制不住自己的好奇心，问一些不该问的问题。我们都知道，在社交场合，男女各有自己的谈话禁忌，如不问男士工资，不问女士年龄。

这些话题对方都不愿意讨论，如果你只是为了满足自己的好奇心，一味地追问，只会招致对方的反感。

莫丽比白娜早两年进公司，虽不是重点大学，倒也正儿八经地读了个硕士。都是年轻女孩子，又都喜欢化妆打扮，再加上莫丽这个人自来熟。很快白娜就跟莫丽熟悉起来。两人上下班一起，吃饭一起，俨然成了工作上的伙伴，生活上的密友。

有一天，正当大家沉浸在工作当中时，莫丽怒气冲冲地从经理办公室出来，没过多久白娜就被经理叫了进去。紧接着，有很长一段时间莫丽和白娜都貌合神离，面上只是点头之交，私下却再也不一起上下班，一起去食堂吃饭了。

原来，两人熟悉之后，有一次发完工资，莫丽突然问了白娜拿了多少薪水，虽然当时白娜有一瞬间的迟疑，心里知道薪酬这种东西在公司里面是保密的，但碍于莫丽平时对自己也关照，再加上她既然"低情商"地问了，白娜就扭捏地说了自己的薪酬。结果当时莫丽只是笑了笑，说新人刚来有这个工资就不错了。

第二天，莫丽就跑去经理办公室要求加薪，经理不加，结果莫丽就指名道姓地说白娜一个刚进来的大学生凭什么跟她一个工作两年的人拿一样的薪水，经理很生气，事后将白娜叫进去痛批一顿，不过念在是初入职场的新人并没有追究太多。莫丽的薪酬没有涨，公司以调薪制度强行压了下来。没过多久，莫丽就辞职了。

在社交场合，问错了问题，或许只会造成一个尴尬的局面，但是在商场或市场上问错了问题，就会带来直接经济上的损失。人们常说"路边的野花不要采"，同样，不该问的问题也不要碰。下面就是人们根据经验总结出来的不宜问的几个问题：

1. 别人的隐私

每个人都有隐私，比如，工资、存款、年龄、夫妻感情、不愿公开的工作计划或者一些之前发生的丑事等。询问隐私本身就是一种不礼貌的行为，如果不加克制，势必会激怒对方的情绪，造成冲突。因此，在你向对方提问之前，应先在脑子中过滤一下，看这样的问题是否会涉及对方的隐私，如果有，那就不要问。

2. 对方不知道的问题

如果不确定对方是否有能力回答你提出的问题，那么就要慎重一些。比如，你问一个地方官员去年全国发生的乙肝病例是多少，他就可能回答不上来。回答不上来你提出的问题，对方没面子，你也会感到不好意思。

3. 同行的状况

俗话说："文人相轻，同行相忌。"在市场经济环境下，竞争日趋激烈，人们往往不愿将自身的经营状况与竞争对手过多交流，问这样的问题，势必会让对方尴尬。

另外，在问别人问题时，还要注意不要打破砂锅问到底。在老师眼里，那些打破砂锅问到底的学生大都有着炽热的求知欲，学习成绩一般也不差，所以老师也鼓励学生这样去做。但踏入社会或者换个场合之后，这种行为不见得就是好的。比如，你问对方是哪里的，对方说"广州"，接下来就不要再问了。如果对方想说，他自然会说得更详细，之所以没说，是因为不想让你知道得太详细。因此，问问题要适可而止。

　　总之，在与人的交往过程中，要时刻谨记该问的问，不该问的不问。要知道，谈话是为了让双方都产生兴趣，而不是为了维护一方的兴趣。

装装"糊涂"，来个模糊应对

在日常生活中，难免会遇到自己不想答或者不方便在公众场合回答的问题，如果当面拒绝会很没礼貌，而且显得自己缺乏教养，此时，如果采用模糊应对的技巧，既能礼貌答复，也不会给沟通造成障碍。

贵为世界级的豪门望族——罗斯柴尔德家族却以低调、神秘著称。有一次，第六代掌门人大卫·罗斯柴尔德接受独家专访，主持人问他："有人说，罗斯柴尔德家族依靠累积的声望和影响力，只和政府做大生意，你觉得这样说准确吗？"

大卫笑着说："我们家族确实有一个祖训——一定要和国王一起散步。不过，现在的国家都不再是国王的了，对吗？"主持人听后，觉察到对方不想谈这个话题，于是就转向了另外一个话题。

面对主持人的问题，大卫如果说"是"，那么肯定会让外人觉得他们家族攀附权贵；如果说"不是"，一时半会又无法扭转人们的固有印象，反而会激起更大的讨论。他很明智地用一句模棱两可的话作为回复：确实有祖训，但时代变迁，今非昔比了。貌似回答了问题，但对方并没有得到想要的答案。当面对不好回答的问题时，把肯定的话和否定的话都说一点，但也不说透，会给对方一种似是而非的感觉，从而给出到此为止的暗示。

由此可见，把握对方的心理，掌握"难得糊涂"式的谈话方式，在日常的人际交往中就显得十分重要和必要了。因为这种方式既可以挽回提问者的面子，又可以巧妙地化解自己的尴尬，让你的回答充满"人情味"。那么，你应该怎样掌握这一说话技巧呢？

1. 转移话题

在社交场合中，如果某个话题弄得谈话双方变得对立，而且正常的交流已经无法进行的时候，这时你可以就地取材来转移话题，暂时把大家带出那种紧张氛围，选择用一些比较轻松、愉快的话题来取代之前的敏感话题。这样既能活跃气氛，转移大家的注意力，又能将之前的敏感话题淡化，使之前对立的场面重新被调动起来。

在朋友之间因为某个话题而争得面红耳赤的时候，如果你故意忽略矛盾的根源，来一句"要把这个问题争明白，比赢球还要难"，这样就可以轻松地转移大家的注意力，让气氛缓和，使接下来的交谈顺利进行。

2. 故意曲解

在社交场合中，交际的双方因为彼此的语言或行为而造成了一些误会，比如，说出了一些令人尴尬的话语，做出了一些诡异的行为，导致尴尬局面的出现，这种时候我们不妨装作不明白的样子，从另一个方面进行解答，从而改变尴尬局面，使气氛变得缓和。

3. 寻找借口

　　有些人常常会在一些场合中做出一些不合常理的举动，使大家在交际活动中陷入窘境。在这种情况下，最好的办法就是找出一些合理的解释来证明那些不合常理的举动在此情此景中是正当的、无可厚非的，这样既化解了尴尬，又能使别人对你产生好感。

　　如果我们所说的话涉及原则性问题，就应该严肃一点，态度明确一点；如果违背原则，只是社交礼仪上的需要，就要避免正面回答所造成的尴尬，或者拒绝回答带来的难堪。当然，这种模糊应对的方法也要看时机、分场合，该用则用，不该用则弃，否则用得太多，势必会给人一种不真诚的印象。

找个"借口"摆脱难题

如果我们不自我设限，就会发现这个世界上能借的东西有很多，包括他人之口。有时候，自己想获得一个信息，直接问太唐突，间接问太麻烦，不问的话，心中的焦虑又无处释放，所以此时最好的办法就是借他人之口，解自己之困。

高琳在一家外企公司给总经理当秘书。一次和总经理到外地见客户，谈一个很重要的项目。本来说好的两天谈判日期，结果一个星期都快过去了，还是不见有任何结果。为了获悉谈判进展，同时也为了提前安排总经理的日常工作，她便想确认一下何时返程。不过，高琳觉得如果直接问总经理的话很不礼貌，便想出一个好办法，她对总经理说："酒店服务台刚才打来电话说有预订机票的优惠服务，问我们是否需要。我们要不要现在回复？"总经理思考了一下，说："问一下他们能不能订明天的票。"这样一来，高琳心中就有数了，开始有条不紊地安排起返程的准备。

高琳借用"酒店"之口来问自己想知道的问题，避免了贸然催促总经理而带来的不快，不得不说很高明。借他人之口，听者不易发现你的目的，而你也无须有什么避讳之处。这种方法看似简单，但如果处理不好的话，难免会出现疏漏，最后弄巧成拙。下面是几种常用的"借口"方法，可以作为日常提问的参考。

1. 借大家之口

向某些名人或者身份特殊的公众人物直接提问可能会冒犯对方，此时可以借用一些宽泛且模糊的"大家""我们"来发问，比如："大家想知道……""你能不能给我们解释一下？"这种问法会给对方造成一种印象，即这些问题不是我想问，而是大家想问；不是我想知道，而是我们想知道。这样既显得亲切，被问者也会考虑到自己的话不是说给某一个人听，而是说给一群人听，因此讲起来也会更注意。当然，既然是借大家之口，就要问一些意义重大、关注度较高的公共问题，而不能问一些只和自己有关的问题。另外，既然是公众人物，就要顾及对方的隐私，不能问些过于粗俗或与主题无关的问题。

2. 借上级之口

工作的时候，难免会与不同部门、级别的人打交道，自然会遇到某些比较势利的人。遇到问题，如果以自己的名义向对方发问，比如，你问另一个部门和你级别差不多的同事工作报告准备得怎么样了，而此人正好就属于那种比较势利的人，他很可能不会正儿八经地回答你，因为这样会让他们觉得很没面子。相反，如果你说："小刘，主任让我来问问，你们的工作报告准备得怎么样了？"这样一来，他就会重新审视你的问题，并做出严肃的回答。因为一旦你这样问，你的身份就发生了转变，由"办事者"变为"传话人"。这样即便他再怎么看你不顺眼，也不会违背主任的意志。虽然有时候借用上级领导的头衔会显得官腔十足，但关键时刻，它往往能起到奇效。

3. 借不相关人之口

有些问题不方便直接问，但又没有现成的他人之口可借时，不妨找一个和此问题不相关的人来问。比如，你是一位未婚女士，想向朋友咨询一些妇科方面的疾病，为了不让对方知道自己的隐私，不妨借一个"朋友"之口，说："我有个同学……"当然，你说的这个同学根本不存在，但这不重要，重要的是你从朋友那里获得了你想要的信息，而朋友也不知道你是在咨询自己的问题，自然不会暴露你的隐私，日后也会省去很多麻烦。

第五章
赞美的话要用心说

当面赞美不如背后赞美

当面赞美别人，并不会产生非常明显的效果。与其当面赞美一个人，不如选择在其背后赞美。当对方从他人口中获悉你赞美他时，更能令他感到高兴。

如果你想和某个人搞好关系，在他本人面前赞美说："你这个人真优秀，太了不起了！"其实，这种赞美并不会产生非常明显的效果。与其当面赞美他人，不如在其背后赞美，那样能产生更加明显的效果。比如，你十分羡慕某个人的工作能力，那就可以找机会在他的同事或领导面前说："××的工作能力真强，工作态度也很好。"不久，这种评价就会以某种方式传到那人耳中，因为他的同事或领导肯定会把你的称赞告诉他。

一般情况下，背后赞美他人更能让人高兴，因为大家普遍认为，别人没必要在背后赞美自己，那些在背后赞美的话都是真实的。另外，因为是间接听来的赞美，也就意味着有更多人听到了这种赞美。

设想一下，假如有人对你说，某个人在你背后说了你很多好话，对你的能力和品德给予高度认可，你能不高兴吗？相反，如果有人当着你的面赞美你，你也许会觉得他很虚伪，一定是别有用心。同理，当你直接赞美他人时，对方很可能觉得那是应酬话，并不是出于真心的。如果通过第三方来传达，往往会收到截然不同的效果，因为被赞扬者肯定会觉得你是真心的，而不会觉得你是在恭维他。

李俊和郭川在同一家公司工作，两个人的关系一直不错，可是，一件偶然发生的小事却破坏了他们之间的关系，让他们之间产生了隔阂。此后，两个人很长时间都没有说话，见了面也形同陌路。可能是自尊心在作祟吧，所以谁都不肯先开口。

一天，李俊读到一篇文章，文章里说背后说人的好话能化解彼此之间的矛盾。为了化解他和郭川的矛盾，李俊决定尝试一下，于是在与办公室其他同事闲聊时，趁郭川不在，就对其他同事说了几句郭川的好话："我觉得郭川这人挺好的，人很正直，对同事也很热情。多亏了他的帮助，我才能胜任现在的工作，我很感激他。"

不久，这几句话就传到了郭川的耳朵里。听到这些话后，郭川非常羞愧，后悔自己不该耍小孩子脾气，误会了李俊。为了让友情继续下去，郭川主动请李俊吃饭，双方握手言和。

如果你希望和某个人建立友好的关系，不妨在背后赞美他。当你在背后赞美他人时，此前就算你们之间有什么矛盾，也会因此烟消云散。因此我们常说，背后赞美他人的力量是非常强大的。

不过，在背后赞美别人并不意味着说别人的好话总是对的，这还要结合具体情况来说。假如不分场合、不分情况地赞美他人，同样会带来不好的结果。总之，在背后赞美他人也要掌握技巧，要看准赞美的时机。

用批评把赞美"包装"一下

普通的赞美方式大家已经司空见惯，没有什么新奇的，而批评式赞美能让你的赞美显得真诚、新奇，更容易打动他人。

所谓批评式赞美，即把赞美"包装"一下，给它穿上批评的外衣。

有一篇《给领导提意见》的文章就是应用了批评式赞美法，读后令人忍俊不禁，又回味无穷。文章中这样写道：

（1）领导不遵守规章制度。领导时常提前上班，下班后仍在工作，甚至节假日也擅自工作，破坏了公司的规章制度。

（2）领导不注意身体。领导一心投入到工作中，饭都顾不得吃，睡不了一个好觉，不懂得劳逸结合。身体是革命的本钱，如果累垮了身体，还怎么工作呢？

（3）领导处事不公正。领导对下属要求太宽，对自己要求太严；经常自我批评，却很少批评他人；经常表扬他人，却很少表扬自己。

（4）领导不注意单位形象。领导把单位的经费管理得太死了，要求大家务必要花小钱办大事，做任何事都太小家子气。办公场所不如他人的豪华，办公设备也没有他人的齐全。

（5）领导不够关心家人。领导经常把精力都放在工作上，把单位当做自己的家，对自己的家人却关心不够，没有尽到一个丈夫应有的责任，也没有尽到一个父亲应尽的义务。

（6）领导心肠太软。领导一直把员工的利益放在第一位，见到员工和群众有困难就心急如焚，恨不得立即帮忙解决。三番五次地牺牲自己的利益，保全员工的利益。

虽然批评式赞美很实用，但是也不能滥用。既然是赞美，就要建立在真实的基础之上。如果你的赞美无据可查，对方明明不是这样的人，没做过这样的事，你却偏偏把对方夸成了一朵花，这样不仅起不到赞美的作用，而且还会让对方感觉你是在讽刺他。

赵强是新调来的部门经理，对公司的各项工作情况还不够了解。小王是一位老员工，已经在公司工作了很多年。

有一次，赵强把小王叫到办公室，对他说："你在破坏团结，你知道吗？你这个人的工作能力很强，上次派你去济南出差，10台机器，你一个月就修完了。这样可不行啊，同事们会嫉妒你的，不利于公司的团结。你要以团结为重，以后不要表现得太优异，知道吗？"

小王莫名其妙地问："10台机器，我修了一个月，您还说我能力强？"

赵强回答说："没错，怎么了？"

小王没好气地说："您有话就直说，想批评我就直接说事，犯不着这么羞辱我吧？就算您想赶我走，直接说出来就行了，没必要这么讽刺我。"

听了小王的话，赵强一头雾水，本想用批评式赞美法夸奖一下小王的，结果不知道自己哪里说错了，竟然导致他对自己的误会这么深。事后，赵强从其他同事那里了解到，原来公司的技术员一天就可以维修一台机器，10台机器足足维修了一个月，怎能算是能力强呢？别人能力明明很弱，你却夸耀别人能力强，这不就是羞辱吗？

与人沟通时，批评式赞美能让你的赞美显得真诚、新奇，很容易打动他人。可是，如果你胡乱使用这种方法，很可能会弄巧成拙，不仅起不到赞美的效果，还会让你的赞美变成讽刺。

因此，使用批评式赞美法时，一定要讲究事实，不能天南地北地胡乱夸耀别人。别人明明很胖，你却使用批评式赞美法对她说："你什么意思，还让不让人活了，身材这么苗条还减肥？"可想而知，她非跳起来跟你急不可，因为你这不是在赞美她，而是在羞辱她，拿她肥胖的身材取笑。因此，使用批评式赞美法赞美一个人时，一定要注意以事实为基础，否则你对别人的赞美就可能成了对别人的羞辱。

赞美不等于奉承

对他人适度地肯定叫赞美，可以为自己和他人营造一份和谐的氛围。但若不分对象、不分场合，过度地说一些所谓的"好听"的话，反而成了拍马屁、奉承，甚至让听的人恼羞成怒。

阿谀奉承是从牙缝里挤出来的，而赞美则是发自内心的。赞美是真诚的，不掺杂任何不良的居心。相反，阿谀奉承是不惜牺牲自己的尊严去恭维他人，是出于一种不可告人的企图，是巴结、讨好别人，是令人不齿的趋炎附势。

宋璟是唐朝名相，曾辅佐三位皇帝，以性情刚直廉明著称。

一次，一位朋友向宋璟引荐一位有才学的年轻人，于是将此人的一篇文章转交给了宋璟，并提醒道："这个年轻人可是很有学问，你务必好好看看啊。"宋璟非常地爱惜人才，于是就马上拿起这个人的文章读了起来。他一边读还一边大加赞赏道："好，写得好，此人真是满腹经纶啊。"

可是，待读完文章，宋璟却由喜笑颜开变得眉头深锁。原来，这个年轻人为了要得到宋璟的重用，就在文章中大拍他的马屁，这让宋璟十分不满。

于是，宋璟就对朋友说："虽然这个人的才学不错。但是言语极尽巴结谄媚之词，定是个溜须拍马的小人，重用这样的人没什么好处！"

由此可见，方法不对，赞美就会变成溜须拍马，惹人讨厌。因此，在生活中与人交流，一定要明白赞美与奉承的区别。

赞美是他人发自肺腑地针对某个人真实存在的优点或者长处的赞扬和钦佩。奉承则是由于讲话者本着某种不可告人的企图，毫无尊严地去恭维他人。

虽然人人都喜欢听赞美话，但是没有人喜欢听特别露骨的奉承话。由于真正能打动人的是发自内心的真诚，所以，赞美并不是单纯的阿谀奉承，它们的表现和结果有着如下几个方面的区别：

第一，赞美是真诚的。真诚的赞美反映的是一个人对另一个人的认可，可能是觉得对方比较漂亮，也可能是觉得对方品格高尚，还可能是觉得对方的言行举止合乎自己的原则。也就是说，在两个人中，其中一个人在另一个人身上发现了符合自己理想和价值标准的可贵之处。

奉承他人则是由于自己内心深处的某种目的，被动地在语言上对另一个人进行认可和钦佩。这种人在赞美他人时，内心时刻想着怎样说话才能从被赞美者身上得到投资和回报；怎样才能顺利完成与自己利益相关的事。此时脑袋和心不同步，就会出现"缝隙"，也就是虽然他嘴上激情四射地夸赞别人；内心却可能对此人看不起、嗤之以鼻。因此，脸上肯定会显示出不自在的神情。

第二，赞美之词一般都是实事求是。有理有据的赞美才能深入人心，而缺乏依据的赞美只不过是在凭空捏造。赞美他人时，一定要有针对性，而不是任意扩大只能用一般词语赞美的东西。

　　阿谀奉承之徒刚好相反，他们总是把一个人的缺点夸耀成优点、赞美他人时夸大其词，把他人的小优点吹捧成大优点，以此取悦他人。并非所有赞美都可以让听者高兴，只有那些建立在事实的基础之上的赞美才能让对方受用。如果你的赞美之词无根无据、虚情假意，对方不但会觉得莫名其妙，还会觉得你油嘴滑舌、虚伪狡诈。

　　第三，赞美可以给人信心，让他人获得直接的成功。赞美是有事实依据的，能让人从你的赞美语言中获得力量和信心；而过分奉承则会让听的人厌恶，甚至会认为你是在挖苦他，时间久了会导致你们关系的破裂。

　　因此，生活中你需要做一个懂得赞美他人的人，而不是一个只会一味奉承别人的人。与人交流要赞美，而不要奉承。

将赞美的话说到"心坎里"

恰如其分地称赞他人得意的事情，可以在很大程度上缩短两个人之间的心理距离，增加你在对方心目中的好感值。假如你经常在人前谈论他的得意之事，他就会非常高兴，对你充满好感，甚至把你奉为知己。

所谓赞美的话说到人"心坎里"就是：被赞美的那个人的自认为最自豪之事，得到了他人的共鸣，价值感得到了他人的认可，使自己的自尊心得到了极大的满足。

每个人都有被他人称赞的需求，因为被称赞能让人得到一种心理上的满足。与人沟通时，人们总是喜欢提及自己得意的事情，因为那些事情可以给他们带来快乐。

琪琪是保险业务员。10 年前她从事这门职业的时候，正是好多人都不认可这个行业的时候。

一次，她要去说服王女士购买自己的保险。出发之前，那个曾经在王女士那里碰壁的同事就告诫过她："王女士是个油盐不进的主儿，非常地顽固。"

果然，在电话邀约中，王女士对保险充满了成见，琪琪费了好大的劲才让她同意跟自己见面聊聊。

一进门，琪琪就看到王女士正忙来忙去地收拾屋子，照顾不

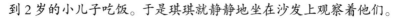

到 2 岁的小儿子吃饭。于是琪琪就静静地坐在沙发上观察着他们。

过了一会儿，王女士忙完了，就抬起头来对琪琪说："你看，我真的很忙……"

这时，琪琪没有直接推销自己的保险，而是微笑着说："王姐，刚才我在这儿坐着的时候发现您的家里收拾得非常干净。没想到您平时照顾孩子这么忙，还能把家里收拾得这么好，您一定是个对自己要求严格的人。"

听完琪琪的话，王女士开心地说："是啊，我老公也常说朋友来我们家做客，都夸我家干净，他觉得非常有面子。"

"嗯，确实如此，我也去过许多其他女士的家里，但都没有你们家干净整洁。"琪琪真诚地夸赞道。

"而且我发现您的儿子特别聪明、懂事。刚刚他吃完饭后把自己吐的西红柿皮主动扔进了垃圾桶里。其他小朋友在他这个年龄可是没有这个觉悟呢！你在家里把孩子教育得这么好，真的很了不起。"琪琪一边说一边竖起大拇指。

"可不是么，我也觉得我儿子特别聪明、懂事。有一次，他姥姥来我们家里做客，没人告诉他，他自己抓了几个瓜子给姥姥吃，就好像是在款待她。还有一次……"

王女士就像是开了闸的洪水，把琪琪当成了一个久未见面的老朋友，大谈特谈自己照顾家庭、教育孩子的心得。

那天她们两个整整聊了 2 个小时，临走的时候，王女士给自己和她的儿子、老公都买了保险。

琪琪正是由于懂得赞美王女士最得意的事情，让彼此的谈话变得很默契，才能顺利地达到自己的目的。

徐丹是一名贫困山区的小学副校长，由于学校里很多孩子都是留守儿童，她就想在学校开设美术培训的课程，以丰富孩子们的日常生活。多番考察后，她决定向镇上的印刷厂厂长求助。因为此人从小由于家庭贫困不得已而辍学，但却非常喜欢绘画，并且还小有名气。

徐丹一进门就说："王厂长，久闻大名。我近日在县里参加了一次绘画展，展览期间听到许多教育界的绘画大师们对您交口称赞，实在钦佩！今天刚从县里回来，就特意来拜访您。"

厂长一听非常高兴，就跟徐丹热聊了起来："其实，绘画我有自己的一套理念，就是要把最真实、自然的小山村生活呈现给大家。"

"嗯，这个我非常赞同，我们是贫穷，但也需要别人了解最真实的自己。我们学校有许多的孩子，也在绘画方面有一定的天赋。我还想着哪天让您去帮着指导指导……"徐丹接着说。

"这个我当然非常乐意了！"王厂长兴奋地回答。

接着徐丹话锋一转："其实在学校里开个美术培训班最好了，可惜我们学校没有资金，要是前期能得到画友的资金支持，那是最好的了……"

听完徐丹的话，王厂长立即起身慷慨地说："徐校长，你放心吧，前期的资金由我来出，咱们共同努力把这个培训班先办起来。以后的事情，再想办法解决。"徐丹紧紧握住王厂长的手，表示由衷地感谢。

　　由此可见，一个会讲话的聪明人，在称赞他人时，一定会从对方的得意之事入手。

　　赞美别人不单单是说一些甜言蜜语这么简单，因为说甜言蜜语的人太多了，许多人对甜言蜜语已经形成了"免疫力"。你首先需要花些心思仔细地研究对方，考虑对方的性格、职业、文化修养、个人经历、心理需求，了解到他的得意之事，并且要恰如其分地进行赞美。这样，才能给人一种真诚、贴切的感觉，而不是给人一种虚伪、做作的印象。

　　比如，如果称赞将军，就称赞他曾经叱咤战场，曾经屡立战功；如果称赞医生，就称赞他妙手回春，以及他在医学上取得的突出成就；如果称赞学者，就称赞他才高八斗，称赞他发表的专著。一般情况下，每个人都有他独特的闪光点，都有值得自豪的地方，从这些地方出发，然后真诚地加以赞美，往往能收到不错的效果。

　　与人沟通时，假如对方谈到了自己得意的事情，那就是期待你和他一起分享他的喜悦，我们可以把这当作是他准备接受你的赞美的信号。所以，你应该明白，他现在最想听的是什么。既然他想听的是别人赞美他得意的事情，为什么不多谈谈这些呢？赞美是有"保质期"的，千万不要等到"黄花菜都凉了"再去赞美。

　　总之，你一定要仔细观察、用心聆听，找到对方得意之事。这样才能真正将赞美说到他的心里去，你赞美的话才能起到事半功倍的效果。

创新的赞美更深入人心

变个花样去捧人更能拉近双方的心理距离，有创意的赞美往往能深入人心。赞美能否达到预想的效果，一方面取决于你赞美的诚意，另一方面则取决于你赞美的新意。与人沟通时，我们要变个花样去捧人，让我们的赞美与众不同。

同样一句赞美的话，一个人听第一遍可能会觉得很开心，听第二遍就没有那么强烈的感觉了，听十遍之后肯定会觉得腻味。试想一位闭月羞花的美女前天听到别人说"好美"，昨天又听到一句"真漂亮"，今天再听到"你真的好漂亮"，她会觉得这根本不是赞美，而是陈词滥调。所以，就像平时吃饭换花样一样，对同一个人的赞美也需要时不时地换一点新花样，从不同角度来赞美对方。

著名作家三岛由纪夫的作品中曾有过对一名将军的描写，那名将军不喜欢别人夸耀他的功绩，也不喜欢有人称赞他的作战方式，却喜欢别人称赞他美丽的胡须。对于一位将军来说，英勇善战和富于谋略都是最基本的素质，是不足为奇的，如果在这些方面夸耀他并不能得到他的好感。相反，假如不称赞他的军事才干，而是称赞他的其他方面，肯定能让他感到无比的满足。

每一个女人都喜欢别人称赞她的容貌，夸她倾国倾城，可是那些沉鱼落雁的女子，对这种赞美方式已经有了免疫力，不会有太大的惊喜。因为她们对自己的容貌有足够的自信，更喜欢别人可以从她们身上发现一些其他优点，希望听到一些新奇的赞美。遇到这种情况，与其赞美她们闭月羞花，不如赞美她们聪明、温柔、有能力，相信这会令她们芳心大悦，更会让你在她们心目中留下深刻的印象。

有一位长相很普通的女孩走进一家首饰店，销售员连忙迎上去，问："美女，您有什么需要？"

听到那声美女后，女孩并没有心花怒放，而是觉得那是一种讽刺，所以她冷冷地回答说："随便看看。"

销售员说："美女，您看一下我们这儿的项链吧，和您那漂亮的脸蛋非常配，买一条肯定能让您更加漂亮。"

女孩很生气，又来到另一家首饰店。

销售员问："小姐，请问您需要什么？"

女孩回答说："随便看看。"

销售员赞美说："您身上的这件裙子挺漂亮的，也很别致。"

女孩问："是吗？"

销售员回答说："是呀，这是渐变色吧，由浅入深，很独特的，显得您特别有气质。不过就是缺少一条项链，否则效果一定会更好。"销售员很聪明，此时才转入正题。

女孩回答说："其实我就是这么想的，只是苦于不懂得搭配，害怕选不好。"

销售员体贴地说："没关系呀，有我呢！来让我看看，给您选一条合适的，保证您满意！"

最后，销售员成功把项链卖给了这个女孩。

每个人都有自己独特的优点，经验丰富的销售员懂得根据每位顾客的特点，想出一些别出心裁的赞美。就像案例中的这个女孩，虽然相貌很普通，但是裙子却很别致，显得很有气质，销售员正是根据这一点来赞美她。

对于那些脸蛋比较漂亮的人，赞美她们漂亮无可厚非，可是对于那些长相一般的顾客，这样赞美她们几乎等同于讽刺。因此，要想让别人认可你，就要从独特的角度发现他们与众不同的特点，让你的赞美新奇一些。

销售员与客户沟通时，客户特别厌倦销售员那些千篇一律的说辞，厌倦那些陈词滥调或不着边际的话。实际上，客户已经听惯了锦上添花式的赞美，不会因为听到这些而喜悦。就像一位很帅的小伙走进你店里时，你称赞道："小伙子，你真帅！"尽管你的赞美很真诚，可是他已经听惯了这样的话，所以很难产生喜悦感。假如你对他说："小伙子，你的发型真酷！"相信他一定会喜上眉梢。也就是说，只有那些有创意的赞美，才能触动客户内心深处的那根弦，让客户心甘情愿地和你交流。

通常情况下，一个人处在众口一词的赞美中时，一般不会把同一内容的赞美当回事。此时，如果能够找到别人都忽视了的优点来赞美对方，必然容易引起对方的注意。

总之，我们要学会寻找和发现别人身上与众不同的地方，这样你的赞美才会更有新意。经常恰到好处又实事求是地赞美别人，别人就会很自然地喜欢你，而你也会更容易赢得人心。

第六章
说话时不忘分寸

得意之时不炫耀

生活中许多人都喜欢在人面前炫耀自己的成绩，遇到人就说自己多有能耐，多有钱，丝毫不顾及他人的感受。即便听者刚遇到失意的事情，正处在人生的低谷，他们也肆无忌惮地谈自己得意的事情。原本，他们是想通过谈论自己的成绩获得大家的敬佩，从他人身上寻找到被肯定，被认可的存在价值。却不知，很少有人愿意听不关乎自己利益的事，尤其是"认证"别人活得更好这件事，更令人反感。

英国著名社会人类学家凯特·福克斯在其著作《英国人的言行潜规则》里针对得意之人有这样一条建议："如果你想炫耀自己的成功，一定要附送你的糗事，以化解你的成功给别人带来的尴尬，同时预防嫉妒。"因为在你的听众里可能有这样的人，他们的努力并不比你少，但却因为机会或其他原因而总是郁郁不得志。

所以，如果你一定要讲"我终于拿到了这家国企的 offer"，那么可以加上"被呼来唤去的三个月实习经历，真是用当牛做马来形容也不为过"；如果你一定要讲"我家刚买了栋别墅"，那么可以加上"我这个土鳖给楼梯也上了蜡，搬进去第一天就摔了个狗吃屎"……自己得意时也不忘照顾他人的自尊心是一种难得的高情商处事方式，同时也体现着一个人良好的修养。

婷婷已经30岁了，由于各种原因，她兜兜转转谈了好几个男朋友，最后都吹了。所以她到现在依然是单身，成了别人口中所谓的"大龄剩女"。前几天又因为一件小事跟自己的嫂子绊了几句嘴，就赌气从家里面搬了出来。现在的她既没钱又没家，心情差到了极点。正在她懊恼的时候，手机突然响了，是一个陌生的电话号码。

原来是她之前的一个好姐妹蓉蓉，蓉蓉无意间从别人那里找到了她现在的联系方式，就拨通了她的电话。

"这么久没联系了，你是不是发达了？都不跟我联系了！最近过得怎么样啊？"电话那头的蓉蓉问道。

"嗯，还行……"婷婷欲言又止。

"我结婚了，现在也有宝宝了。老公是一个银行的经理，很高很帅，而且很疼我。本来结婚的时候还想请你来呢，但是没了你的联系方式，就没通知你。"电话那头的蓉蓉异常兴奋。

"嗯，那恭喜你了！"婷婷客气地说。

"那你呢？肯定也结婚了吧，老公是不是又高又帅，是不是乔振宇那种类型的？当初咱俩被称为公司的两朵鲜花，他可是咱俩的梦中情人呢，都发誓要找个这样的老公。"电话那头的蓉蓉继续喋喋不休，而婷婷听起来心里很不是滋味。

为了掩饰自己的不安，婷婷故意把话题引到了宝宝的身上："你的小宝宝多大了？"

"宝宝快3岁了，家里人都特别宠他。我也是命好，碰到了好公婆，孩子长这么大，我都没管过，花钱都是他爷爷奶奶出，而且……"

婷婷隔着手机都能感受到对方的炫耀、得意之情，她实在不愿意继续听蓉蓉说下去了，就借口外面有人喊自己，匆匆挂掉了电话。内心无法平静的她，挂断电话后就把这个电话号码直接拉进了黑名单。

由此可见，不管你是有意或者无意，都不要不分场合地卖弄自己的得意之事，特别是在失意的人面前。

你的得意之事可以在演讲时谈，证明你卓越的才能；可以对你的员工谈，享受他们钦羡的目光；也可以对你的家人谈，让他们以你为荣，引以为豪。但是，切记不要对失意的人谈。因为失意的人最脆弱，也最敏感，任何话都很容易触发他们内心的失落感。你的每一句得意之言都会在他心中形成鲜明的对比，你的谈论在他听来都充满了嘲讽的味道，让他自惭形秽。

失意的人此时心理就像脆弱的蛋壳，稍微一触碰就会被击碎。人在情绪低落的时候，比平时更容易多心。别人所说的每一句炫耀得意的话，在他听起来都像是在嘲讽和讥笑自己。他会觉得别人是在故意戏弄他，看他的笑话，内心充满了负面情绪。

如果身边的朋友正处在失意的状态中，请停止你的炫耀，否则会让对方感到不愉快，慢慢地疏远你，甚至对你怀恨在心。比如，一个做生意刚失败的朋友找你诉苦，你却大谈自己多么成功，肯定会惹怒他。反倒不如谈一谈你当年做生意跌得多么惨，让他明白"失败是成功之母"，帮他重新建立自信，以图日后东山再起。

　　诚然，事业有成，生活美满……这些都是值得庆贺的事情，但是不要得意忘形，更不要无视对方的心理，尤其在失意人面前张扬你的春风得意，无疑是在他们的伤口上"补刀"。如果因此而激起他人的怨恨，破坏了人际关系，是非常不值得的一件事。

用弦外之音，委婉暗示

无论是开口说难以启齿的话，还是开口回答难以回答的话，都可以巧用弦外之音。

所谓的"弦外之音"，其实就是言外之意，指的是话里暗含着的没有直接说出来的意思。它是我们在日常生活中，以及在特定场合下经常使用的一种说话方式。

在许多场合，有一些话不好直说，更不能明说，所以人们就要旁敲侧击、绕道迂回，用一些含有言外之意的话来表达自己的意思。这些话可能是一语双关，可能是曲笔影射，可能是委婉暗示，也可能是活用词义。那么，哪些场合经常使用弦外之音呢？

1. 巧用弦外之音表达难以启齿的话

有一位年迈的鳏夫，想和儿子谈续妻的事，可是又不好意思开口。思来想去，他想出一个主意。于是，他对儿子说："晚上一个人睡觉太冷了。"儿子没明白他的意思，给他买了个热水袋。他又对儿子说："总觉得后背很痒，自己又抓不着。"儿子又给他买了一个挠背杆。一天，他的孙子要结婚了，老人抱怨说："还让他结婚干吗呀，给他买一支挠背杆和一只热水袋就行了。"

听了这话，他儿子终于恍然大悟，明白了"晚上一个人睡觉太冷了"和"总觉得后背很痒，自己又抓不着"不过是老人家的弦外之音。

2. 巧用弦外之音回答难答的话

王僧虔是南朝时期著名的书法家，曾经和齐高帝一起研习书法。一天，齐高帝突然问他："你和我谁的字更好？"

这个问题十分敏感，不能直接回答，因为说齐高帝的字比自己的好，是阿谀奉承；说齐高帝的字没有自己的好，又会折了他的面子，甚至会影响君臣之间的关系。

于是，王僧虔机智地回答说："我的字臣中最好，您的字君中最好。"

实际上，历代皇帝的数量毕竟有限，"字在君中最好"并不是什么大不了的事，而臣子却不计其数，在臣子中最好却是了不得的事。王僧虔的弦外之音很明显，齐高帝的字没有自己的好。齐高帝听了他机智的回答，立即领悟了他的弦外之音，哈哈一笑，便不再提这件事了。

3. 女士巧用弦外之音与男士交流

相比于男士，女士更懂得用弦外之音与男士交流。这和女士与生俱来的羞涩有很大关系，羞涩让她们羞于启齿，只好通过弦外之音来表达自己的意思。

当男士手头的工作太忙，忽略了女士的存在时，情商低的女士会说："你总是那么忙，也不知道陪陪我。"而情商高的女士却会说："你忙吧，我一个人玩，就不打扰你了。"一般情况下，聪明的男士都能明白女士这样说的含义，就会及时停下手中要忙的事情。

当女士喜欢一个人时，很难做到主动表白，取而代之的是一声令人费解的"讨厌"！一般情况下，女士对男士说"讨厌"，实际上表达的是"我喜欢你"。在喜欢的人面前，女士越说"讨厌"，表明喜欢的程度越深。不过，这也不是绝对的，要具体情况具体分析。女士想用"讨厌"表达喜欢之意，需要伴随着几个动作：掐男士的胳膊，捶男士的背，一脸嗔笑。假如这几个动作都没有出现，只是一本正经或生闷气地说"讨厌"，可能真的是不高兴了。

当女士问男士"你在干吗"，很可能是因为女士太思念男士了，想知道男士忙不忙，有没有时间陪自己聊聊天。其实，这句话真正想表达的是"我想你了，不管你在干吗，陪我聊聊吧"。

当女士对男士说"我觉得你不爱我了，咱们分手吧"，大多数时候是女士为了试探男士，未必真的要分手，只是想让男士多给她一些关心，让男士紧张一下。

当女士对男士说"你先走吧，我想一个人静一静"，实际上并不是让男士走，而是等待男士道歉。因为女士这样说往往意味着男士做了什么错误的事情，没有真正地读懂她。此时，男士最应该做的不是离开，而是在她身边多陪陪她。

见什么人说什么话

所谓"遇物要加价"，指的是你在评价别人购买的物品时，即便明知物品的市场价格，也要故意抬高价格，从而让对方感到高兴。所谓"逢人要减岁"，指的是你在猜测别人的年龄时，即便知道对方的真实年龄，也要少说几岁。

"遇物要加价，逢人要减岁"，这是与人沟通时最实用的两种说话技巧。它们针对人们的普遍心理投其所好，属于"善意的谎言"，也属于"无害的阴谋"，可以给他人带来欢乐。这两种沟通技巧比较简单，但是又非常实用。假如能恰当地使用，肯定能使你的人际关系更为融洽。

1. 遇物要加价

比如，你的朋友买了一件衣服，让你猜猜多少钱，你知道市场行情，这种衣服一二百块钱就能买下。但是，你故意装糊涂说："这套衣服一看就很贵，没有五六百块钱根本拿不下，对吧？"听了你的话后，相信你的朋友一定会特别高兴，并笑着对你说："哈哈，你看走眼了吧，我只花了200块钱，店主就卖给我了。"

在日常生活中，人们普遍的购物心理是用比较低廉的价格买到质量比较好的物品。如果我们购买了一件物品花了100元，别人却以为我们花了50元，我们心里就会产生一种失落感；相反，假如别人以为我们花了 200 元，我们就会感到很高兴。

正是因为人们都有这种心理，"遇物加价"才成为一种比较实用的沟通技巧。不过，使用这个技巧时也需要注意，首先你要能够识物，在心中对这件物品有一个大致的预估，不能过高地预估物品的价值，当然，更不能过低地预估物品的价值，否则就会适得其反。

露露新买了一辆轿车，邻居王大妈看到后，忍不住夸两句："哎呀，露露现在可了不得呀，买了这么好的车子。"

听到王大妈的夸赞，露露很高兴，问王大妈："王大妈，您看看得多少钱？"

王大妈心想：怎么着也要十几万吧！为了让露露高兴，王大妈故意说："多少钱我不敢说，对车子不了解。不过看你这身份，低于 20 万的车子也配不上你呀！所以，我猜你这车子得 20 多万。"

听了这话，露露立即拉长了脸，淡淡地说了句"其实是 50 多万"，然后离开了。

王大妈一看这阵势就知道说错话了，原本想"遇物加价"，没想到反倒"遇物减价"了。

露露虽然没有当场发怒，但是她回到家后，忍不住对老公说："咱们邻居王大妈也太小看人了，竟然说低于 20 万的车子配不上我，她什么意思呀？我就不配买更贵的车子了？"

王大妈活了大半辈子，自然懂得"遇物要加价"的道理，可是她眼力达不到，不知道这辆车子的真实价格，最后因为一句话得罪了露露。这就告诉我们，单单懂得"遇物要加价"的道理还

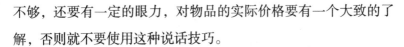

不够，还要有一定的眼力，对物品的实际价格要有一个大致的了解，否则就不要使用这种说话技巧。

2. 逢人要减岁

比如，一位30出头的女士让你猜猜看她有多少岁，你可以装糊涂说："看你这样，应该还在上大学，最多二十五六岁。"听了你的话后，她一定会特别开心，以为自己显得年轻。

我们经常听到有人祝福别人时说："祝你青春永驻！"由此可见，人人都希望永葆青春，都希望别人在猜测自己的年龄时，猜出的年龄比真实年龄小几岁。尤其是那些爱美的女士，对自己的年龄更是非常敏感。其实，这是成年人普遍都存在的一种怕老心理。只要是人，谁不希望自己永远年轻呢？难道有人希望自己过早地衰老？所以，人们有这种心理也是可以理解的。

一天，郑亮挤公交车去给客户送货，在车上遇到一位中年妇女，于是就给她让座。谁料，中年妇女一脸不悦地说："小伙子，你为什么要给我让座呢，是觉得我年龄大了吗？"

中年妇女面相偏老，上车时，郑亮没仔细看，以为是一位60多岁的大妈，所以才把座位让给她。看到中年妇女不太高兴的表情后，郑亮连忙解释说："不是，大姐，我看你拎着东西呢，坐车不太方便，所以才把座位让给你。看你的年龄，最多比我大十几岁而已，所以叫你大姐没问题吧？"

中年妇女立即笑了，说："小伙子真会说话，还大姐呢！你得叫我阿姨了，我都快50了。"

郑亮装糊涂说："啊？快50了？不像啊！那我确实得叫阿姨，

我才 20，叫阿姨刚刚好。真不好意思，刚才竟然叫您大姐。"

中年妇女和颜悦色地说："没事，没事，叫我大姐，说明我年轻呀！"

"逢人要减岁"的说话技巧，不需要你拥有多么强的说话能力，却可以让你说出的话特别讨人喜欢。你只需要把对方的年龄尽量往小说，让对方觉得自己显得很年轻，对方就能产生一种心理上的满足感。

当然，这种方法也不能滥用，它并不能适用于任何人。一般情况下，喜欢被看得年轻一点的，都是那些年龄比较大的人。相反，如果对方是十几岁的少男少女，与其"逢人减岁"，倒不如"逢人加岁"，多说个一两岁，因为他们都渴望长大，希望自己被周围的人当成大人来看待。

另外，使用"逢人要减岁"的说话技巧时，也不能减得太离谱，要注意分寸。比如对方明明是一个 70 多岁的人，你一个二十几岁的人却偏偏喊对方为大姐，说她只有二十几岁，恐怕她无论如何都不会相信的。

指出错误时给对方留点面子

别人犯了错误，如果针锋相对地质问别人，不给别人留任何颜面，就很难让人接受。相反，如果用温和的方式来处理，使用恰当的方法指出错误，效果会更好。

我们都有这样的体会：犯了错误后，假如别人以温和的方式来处理，使用恰当的方法向我们指出，我们就会心甘情愿地向对方认错。可是，如果对方针锋相对地质问我们，过分地指责我们，不给我们留任何颜面，我们就很难接受了。

小新是一名新入职的员工，刚毕业不久，对社会上的人和事还不够熟悉。一天，老板为了犒劳大家，提出请同事们吃饭。吃完饭后，又请大家一起去 KTV 唱歌。

平时大家的工作都很忙，一天工作下来又都很累，所以进了包房后，筋疲力尽的小新很自然地在离自己最近的一个沙发坐下。等老板走进来后，发现沙发上已经坐满了人，于是就顺势走到小新旁边的椅子上坐下。

20 多分钟后，老板接了一个电话，需要赶回家中处理点私事，于是结完账就匆匆离开了。令小新没想到的是，老板刚离开，KTV 里的气氛就变了，音乐关了，大家也不唱了，很多人都站了起来。销售部组长走到小新面前，指着他的鼻子说："你这人也太没眼色了吧，老板走到你身边，你就不会站起来让个座？让老板坐了 20 多分钟的板凳，我看你更像老板！真是太不懂事了！"

这么多年来，从来没有人当着这么多人的面这样训斥自己，小新气不过，立即反驳说："有你这么说话的吗？我没让座，你也没让座，大家都没让座呀？我没眼色，你就有眼色了吗？"

其实，销售部组长只是想教一下小新在职场中怎么做人，让他快速成长，可是由于说话的方式不太恰当，反而得罪了小新。

并不是所有人都乐意接受他人的批评，有些人做错了事，不仅不会坦然地承认，还会找出各种理由为自己辩护。就个人而言，即使是非常小的疏忽或错误，也不会在他人指正后坦率地承认。不过，在现实生活中，无论是父子、兄弟、亲戚，还是同事或朋友，绝对不批评他人是不可能的，我们总会遇到批评他人的时候。

那么，在纠正他人的错误时，我们应该注意哪些事项，才能让对方心甘情愿地接受呢？

1. 对他人要有极大的同情心

对他人要有极大的同情心，这样我们对待他人就不会鸡蛋里面挑骨头了。相反，这样还会让我们学会谅解他们，让我们时刻想着和他们站在同一立场，而不是站在和他们敌对的立场上。

2. 说话的语气要温和

说话的语气要温和，不要使用敏感的或使人听了不舒服的字眼，更不可以用质问的语气。假如说出的话令人无法忍受，就算

对方嘴上承认错误，心中也不会服气。

有一次，一个学生偷了寺庙里的木鱼。陶行知听说后，心平气和地说了这样一段话："有的同学喜欢用木鱼演奏乐曲，动机是好的，可是现在寺庙里却少了一只木鱼，木鱼是和尚的'吃饭家私'，咱们不能只顾自己欣赏音乐，却断了人家的生路吧？我相信拿人家木鱼的同学只是一时糊涂，希望他在没人的时候，可以悄悄地把木鱼归还到原来的地方去。菩萨会保佑他的，我们也不会怪罪他。"

那个偷了木鱼的同学听后很惭愧，趁没人注意的时候，将木鱼悄悄地还了回去。

陶行知先生教训做错事的学生，没有说一些抽象的大道理，而是用随和的语气讲述和尚的"生路"。他的话语平易近人，而不是粗暴地教训人，更不是以一种居高临下的态度指责他人。

3. 指出错误，更要说明你的期待

很多批评者往往习惯把重点放在指出对方的错误上，却不能清楚地说明自己的期待，别人要好好考虑一下后，才能明白他们究竟想要对方做什么。比如，有的人批评他人时，对人家说："你一定要这样吗？"实际上，这是一句废话，因为它没有实际内容，仅仅表达了个人的不满情绪。又比如，一位丈夫埋怨自己的妻子，对她说："家里乱糟糟的，客人马上就要来了，你还有闲心坐在那儿化妆，不知道收拾收拾家吗？"其实，这种话的作用也不大，因为它只说出了一半，并没有说到底希望妻子做些什么。与其指出妻子的错误，让对方发怒，还不如对妻子说："客人快来了，你帮我去买点水果回来吧，我先炒几个菜。"

指出对方的错误，更要说明你的期待，这样其实是给对方一个方向，让对方从另一个角度来接受批评的内容。

批评要注意分寸

我们都曾面临这样的问题：如何对他人进行批评才是最恰当的？很少有人喜欢被他人批评或指正，然而，在具体的工作过程中，批评与指正却是极为必要的措施。事实上，当我们对他人进行批评指正时，经常会遭到对方的顶撞或者反击。

沟通学家穆勒·艾德教授指出，指正他人的错误时，我们需要明确一条准则：批评是为了提醒对方，而不是为了追究责任，唯有在批评过程中保持聚焦，让自己关注事情的具体发展，才能让管理向着更好的方向发展。

身为世界上最著名的化妆品公司之一，玫琳凯公司极为重视员工的积极性。在创业之初，公司创始人玫琳凯·艾施使用高薪招来了各种人才。让人才在自由的基础上展开自我行动并不意味着对下属放任自流，在出现了问题与错误时，还必须要对他们进行纠正，以使问题得到解决。

玫琳凯认为，所有的管理者都拥有批评下属的权力，但是这种权力应该在讲究技巧的基础上进行恰当的运用。她说："若在批评的过程中不讲究技巧的话，批评便会成为一种破坏性的行为，使职工的积极性受到挫伤，进而使公司的事业受到影响。唯有在批评时采用三明治式的'肯定—批评—赞扬'方式，才能让员工对批评欣然接受。"

在一次企业内部美容师举行的销售大会上，玫琳凯发现一位美容师的化妆箱非常脏，而这种不整洁直接影响了她的销售业绩。在销售大会结束后，玫琳凯并未对对方进行直接的批评，而是采用了间接的方式，在报告中暗示了这一问题："我们公司的宗旨是创造美，而美首先就体现在整洁上。若美容师本身不爱整洁的话，便很难令人喜欢。"在报告完毕之后，这位美容师走过来，坦承了自己的错误，同时向玫琳凯保证，日后将会把不整洁的毛病改掉，争取在一个月内将化妆品销量提高。事后，这位美容师也的确实现了自己的承诺。

如果玫琳凯直截了当地对化妆师进行批评，那么不仅不会取得如此的效果，还会使对方的积极性与自尊心受到严重的打击。

在面对他人的错误时，有些人采用的是直接式的方式，这样的方式很容易引发对方的不满；有些人则不愿意正面对他人的错误进行批评，以避免造成摩擦，但是在多次错误发生后，错误往往会累积到非常严重的程度，而此时的批评便很容易变成破坏性的批评。

批评者语带威胁或言语刻薄，都会令他人心生厌恶，并因受辱而积怒，造成恶性循环。因此，及时而恰当的批评是必要而且必需的。

以下是穆勒·艾德教授总结的一些切实有效的批评手段：

1. 在批评之前弄清事实，问清原因

将事情弄清楚是展开正确批评的基础，有些人往往会在一时激动之下，不分青红皂白地对他人展开批评，而忽略了对客观事情进行全方位调查的必要性。虽然你可能认为自己已经了解了事情的真相，但在批评的过程中，你还是应认真地倾听对方对事情的解释，这样有助于对方认识到自身的错误，同时也有利于展开下一步的针对性批评。

有时候，你可能并不清楚事情的真相，若无法证实这些问题的话，你应立即结束批评，再展开进一步的调查与了解。当然，也有些人在自己犯错时，连问题出在哪里都不知道，此时，你应将事情及时弄清，指出问题具体出在哪里。

2. 尽量采用妥当的批评方式

批评需要因人、因事采取不同的方式，在面对性格内向的人时，我们应该采用鼓励、委婉式的批评方式；对待生性固执、自视甚高的人时，我们可以直白地将问题告诉他，以让其对自我行为有所警醒；对待严重的错误时，应以公开、正式的批评方式；对轻微的、无碍大局的错误，则应私下里点到为止。由于批评往往会对不同的人产生不同的作用，所以我们应既善于批评，又在批评中进行抚慰，即把握"胡萝卜加大棒"式的政策。

3. 只对事，不对人

批评应尽量在私下场合展开，若对方的错误到了必须要在公开场合论及时，我们依然要尽量对事不对人。只针对某个问题、某种现象，而不是针对某个人，这样做也正是为了防止对方误会你对他有成见。只对事不对人的批评，可以使对方更客观地评价自己的问题。

4. 言谈中应顾及双面因素

所有的错误都有其滋生土壤与空间，若在进行批评时，对方出现了抵触情绪，那么，在批评后的一段时间内，你应及时找对方谈心，将其有可能产生的误解及早消除。不管是前期批评还是后期谈心，都应考虑到对方犯错误往往由内因与外因共同引发，在批评与谈话中要将内外因分清，并认真反省自己应该承担的责任，同时以宽容、体谅的态度，来帮助其吸取教训、总结经验，而不是将问题储存起来，搞秋后算账，这样很容易造成双方的对立。

5. 避免超限效应

心理学上有超限效应一说：过多的刺激、过强的作用往往会引发心理上的不耐烦与反抗情绪。在批评他人时，若次数过多、针对同一问题过于反复，便会引发超限效应。可见，批评不能过度，应该犯一次错，批评一次。若非要再次批评这个人，也不应简单重复，而应换个角度、换种说法，唯有如此，对方才会没有被人"揪住小辫子"的感觉，其逆反、厌倦心理也会随之降低。

英国行为学家波特曾说："当遭遇了批评时，人们往往只会记住开头的一些，其余的却不会听，因为他们忙于思索论据，来针对那些开头的批评进行反驳。"可见，批评必须要讲求方式与方法，切不可走极端，无事找事只会适得其反，唯有在责备的过程中告知对方改进的方法与奋斗的目标，而不是借问题进行人身攻击，才能避免对方采取防卫性姿态，无法听从忠告。

看准对方的情绪，保持相同的立场

与人交流时，想要获得成功，就要体会他人的情绪和想法、理解他人的立场和感受，并站在他人的角度思考和处理问题，最终实现自己的目的。愚蠢的人经常会想办法证明他人的错误，但是聪明的人却想办法认同别人，寻求一致。因此，做人做事一定要学会换位思考，经常对自己说："假如我是他，我会怎么想呢？又会怎么处理这件事呢？"如此一来，你就可以感同身受，充分体会对方的所思所想。

一个想与他人继续建立情感上的连接，或者懂得说话之道的人，最聪明的回答就是和他站在同一阵线上。

小娟在一个饮品销售公司做后勤部助理。这个工作很烦琐，挑战性也很大，因为她每天都要跟那些销售业务员打交道。关键是这些业务员水平参差不齐，有的人文化素质很高，你一说他就懂了，沟通起来很容易；而有些人文化素质不高，不仅理解不了公司的政策，需要小娟一遍一遍地给他讲解，而且还会怪小娟表达不清楚。

一次，跟往常一样，小娟将老板发布的最新销售政策发到了每个人的邮箱里，并在邮件最后提醒他们一定要注意在政策规定的时间内按要求完成任务。本来她还想口头提醒一下大家注意查收邮箱，但是突然部长找自己有事，一忙就把这事儿给忘了。

可是，有一个叫石翔的业务员由于没有及时查看邮箱，导致没有按照公司的规定完成任务，被公司罚款500元。因为这件事，他把气撒在了小娟身上，对她极尽言语侮辱，两个人大吵了一架。

事后，小娟一边擦眼泪，一边向自己的女同事陈姐抱怨说："石翔算个什么东西，不就是一个小混混吗？我怎么就没提醒他了，政策不都已经发到他的邮箱里了吗？说我没尽到责任，他自己的事情自己都不上心，还怪别人！"

同事陈姐听她讲述了事情的原委，说道："嗯，在这件事上，你做得没错，我支持你，是那个业务员不讲理，你没必要跟这样的人生气。如果到时候需要我，我会站在你的立场上跟咱们老板说的，反正你邮箱里还留着给他发信息的证据呢……"

小娟听陈姐这样说，情绪稍微缓和了一些，继续工作了。

过了几天，陈姐问小娟："上次那个事情处理得怎么样了？"

小娟不好意思地回答道："石翔跟我道歉了，说那天是他自己心情不好，再说我也有错，我当时提醒一下大伙儿就好了，我们现在没事了。不过我还是要谢谢你，因为当时我心情特别差，甚至都想辞职了。要不是你支持我，可能我就做错事了。毕竟仔细想想，如果我真的一冲动辞职了，去哪里找待遇这么好的工作呢？"

从此以后，小娟跟陈姐成了无话不谈的好朋友。

面对情绪激动的小娟，陈姐并没有着急劝说小娟，而是站在她的立场上说话。这么做有这样几点好处：其一，面对抱怨时，她没有以旁观者的姿态，评断事情双方各自的不足和过失，而是安慰小娟，避免了她因情绪激动而做出过激的行为；其二，在安慰小娟时，张姐也没有过度地指责石翔，这样也有助于小娟客观看待此事，不至于把气都撒在对方身上。

每个人在发生了不幸的事或者是受到了不公平的待遇后，都会对这段经历产生根深蒂固的看法，情绪都会非常激动。此时整理他人的情绪可以说是一个巨大的工程，但也是解决问题的一个突破口。

因为此类情绪激动的抱怨者，不是要你在听他讲完自己的不幸或者不公遭遇后冲出去为他打抱不平，他要的只是你能跟他站在同一边，让他尽情地宣泄不满，只是想从你嘴里听到你与他感同身受，能理解他，愿意与他一起分担失意的痛苦，愿意支持他，而非做其他事情。

当然，在言谈话语间表明你跟他"是同一条船上的人"之后，你就可以试着帮你那位情绪激动的朋友把焦点转移到自己或者其他人的身上；又或者忽略对方经历的独特性，讲一些看似"过分"，却又寓意深刻的话，一步一步帮他走出情绪的旋涡。

只有站在他人的立场看问题，设身处地去了解他人的观点，才能在交际方面获得成功。每个人都应该经常问自己一句："假如我是他，我会怎么做呢？"如果能这样想，就能让自己节省很多时间，少去很多烦恼。

打人不打脸，骂人不揭短

　　每个人都有各不相同的成长经历，也都有自己的缺陷，可能是心理上的，也可能是生理上的。这些缺陷隐藏在他们内心深处，是他们永远都不愿提及的"伤疤"，也是他们在社交场合极力想回避的话题。

　　俗话说"打人不打脸，骂人不揭短"，字面意思就是，即使跟人打架，也不能打别人的脸；即使跟人吵架，也不能说人家的短处。即便现在已经进入一个言论自由的社会，大家依然有忌讳心理，有和朋友交往不可以被提及的"禁区"。和朋友相处应该尽量避开他人的忌讳，提防祸从口出，由于自己的不小心而说出一些不该说的话。

　　讲话之前一定要仔细思考，千万不要以为对方跟你关系好，就能拿对方的缺陷开玩笑，也许下一秒你的好朋友就会成为你的"仇敌"；更不要以为你是上司，就可以侮辱自己下属的尊严，说不定哪天他就会给你捣乱，让你为自己的口无遮拦付出沉重的代价。

　　陈建是一家物流公司的老板，他出身农村，虽然没上过什么学，但他却在自己的努力下拥有了上千号员工的大公司。每个人说起他都会竖起大拇指，啧啧称赞。

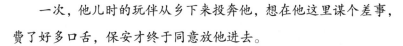

　　一次，他儿时的玩伴从乡下来投奔他，想在他这里谋个差事，费了好多口舌，保安才终于同意放他进去。

　　一见到陈建，这位老兄不顾他周围有好多下属在场，就大声嚷嚷起来："哎呀，二狗子，你现在混得不错呀！你还记得我吗？我是跟你一起光屁股长大的黑娃子呀！咱俩以前上学的时候总是旷课出去玩。那时候你可真是鬼机灵，干了坏事总让我背黑锅。记得有一次咱俩旷课出去偷别人的红薯烤了吃，结果红薯刚烤好，还没顾得上吃，主家就追过来了。你倒好，撒腿就跑。因为跑得太快，把炭火都踢到了我的腿上。你看看，现在我腿上还留着那时候的疤呢。你想起来了吗？还有一次……"

　　这位老兄的话还没有讲完，陈建就坐不住了，心想：这人也太不识趣了，竟然当着下属的面讲我以前的糗事，让我的脸往哪儿搁呀！于是，他打电话让保安把他这位儿时的玩伴轰了出去。

　　案例中的黑娃子就是因为当众揭了陈建的短，让他在下属面前下不来台，才会让即将到手的工作不翼而飞的。

　　每个人都或多或少地害怕被他人当众揭短，所以在生活中才会出现朋友之间因为无意中开个玩笑而导致关系疏远，甚至导致友谊破裂的现象。许多人都不明白这是为什么，不理解为何一个漫不经心的玩笑竟然产生这么大的杀伤力。

　　小军考上了一所著名高校，饭桌上，大家正在就餐。此时，一位亲戚口无遮拦地说："没想到这小子能考上这么有名的大学，当初在我家还尿床呢！"饭桌上的人一阵哄笑，小军却羞红了脸，内心十分沮丧，默不作声地回到了房间。从此，他再也不愿意主动和那位当众揭他短的亲戚来往。

　　一个人被当众揭短时，令人畏惧的并不是揭短本身，而是揭短激起的感觉和回忆，这和他们过去的经历是密不可分的。人们眼前将重现这些经历，曾经被他人贬低、侮辱、蔑视的场景将重新出现在脑海里。也就是说，对于那些有过这种经历的人，被人当众揭短就等于是又一次体验了这些负面情绪。人都有趋利避害的本能，最不想回忆之前所受的创伤。

　　根据马斯洛的需求层次理论，我们知道，每一个人都有被他人认同的需要。也许他人指出的短处的确是现实的自我，可是现实的自我和理想的自我往往存在很大的差距，假如个体没有意识到这种差距的存在，就会主观地认为他人不认可自己，如此一来，被他人认同的需要将无法得到满足，自然会出现紧张心理。因此，从另一个角度说，害怕被人揭短，其实是害怕自己不被人认同。

　　所以，在人与人交流时，一定要在说话的语言上注意"避讳"。只有懂得尊重他人，不"揭人短"，不去触碰他人的"逆鳞"，你才能获得周围人的尊重，成为大家都喜爱的人。

第七章
如何轻松获得他人帮助

列好重点更容易得到帮助

"我希望你能工作更努力一些。"主管这样要求自己的职员。

"你们提出的理念如果能更契合现代生活会更好。"客户这样告诉设计公司。

"在未来一年时间里，我们要做得比今年更好！"部门经理在动员大会上号召道。

……

这些话语看似清晰且充满了积极性，但它们在珍妮弗·E. 贝尔教授看来并不合格。这位人类学家与心理学家认为，不管是从促进合作还是解决冲突的角度来说，抽象的语言皆无益于问题的解决。

"有一次，我为一对父子提供心理咨询服务。这位父亲一直在向自己的儿子表达自己的期待：'我不过是想让你有一点责任感，但你却始终都做不到。'但孩子却表现得并不理解他所说的'责任感'。

"此时，我不得不请父亲说明，他的儿子到底要怎样做，才算是有责任感。这位父亲经过一番解释，大体意思就是：'我希望他能有点责任感，实际上就是想要他听我的话。'"

珍妮弗教授强调，这种"责任感"之所以无法被理解、被实践，关键在于它太过抽象。当你越是使用抽象语言表达愿望与请求时，你的要求越有可能不被理解。但实际生活与工作中，请求被广泛地运用，如何更清晰地表达自我请求，便成了摆在人们面前的一道难题。

你可能意识不到，这些都属于请求范畴：邀请、教导、需求或详述、指示或指令、命令或要求。

其实，请求更像是一种请对方采取行动的邀请或命令，而且，它包括了一段"你想要什么，你何时想要它，以及它为什么如此重要"的陈述。珍妮弗教授指出，之所以要包括这些要素，是因为它会强迫你考虑：你到底想要其他人做什么或者产出什么。同时，它也会为对方提供合适的信息，以协助他们更负责地回应——这对于那些时间宝贵的专业人士而言非常重要。

1. 表明你想要的是什么

正如珍妮弗教授所说的那样："未提及时间的请求不是请求，而是愿望。"拥有心理学博士学位的珍妮弗教授在从事临床心理医生这一职业时，有很多人曾因为情绪低落而向她求助。后来，她发现，他们之所以感觉灰心或沮丧，在很大程度上是因为他们并不清楚自己对他人到底抱有怎样的期待，这使他们面临的问题复杂了起来。

知道你想要什么，并清楚地传达你所需要的，是请求的核心所在。在职场上，你想要的常常是一件工作的完成，即一项成果、产品或结果。如果你对自己的请求有衡量标准的话，你便应该告诉对方，你需要的是什么样的结果。比如，本团队应在月底达到

200 万元的销售额，一份涵盖了今年本部门客户外流数据、走向的调查报告等。

当结果复杂或是被要求的人员没有经验时，你很可能需要将工作具体细分成可管理的任务甚至是子任务，它们会结合成你想要的成果；当人员经验丰富时，你可能只需要提出你想要的成果，并让他们决定产生成果的特定方式。

2. 你什么时候要结果？给出最后期限

最后期限是"请求"中一个效果宏大的条件：它不仅会产生紧迫性，增强个人责任承担，而且还会增加每一个人的确定感。因此，你应明确地告诉对方："我希望你能够在星期三下午 3 点以前将完整的企划案发到我的电子信箱中。"

如果你不知道何时想要结果，或者在你的计划中，这件事情并不是最重要的，而你也对它没有时间要求的话，那么，你可以询问对方："你什么时候能完成这件事情？"询问"何时"这一问题，能够将时间要素加入你的请求之中，这不仅能够进一步明白你的请求，同时还能帮助对方规划他们的时间与其他资源。

3. 为什么那件事情要紧？人们需要知道来龙去脉

"把其他工作先放到一边，先完成这份文件！"

"请务必在下班前与 ×× 客户针对此问题进行细节上的沟通！"

当你提出此类特定请求时，如果你没有说出自己的理由是什么，那么，听到请求的人将只听到"任务"，而不是"机会"。

但对于那些渴望进步的人来说，当他们了解到请求的重要性，或是发现这一请求与重要的目标相关联时，他们会将工作做得更好。

因此，正如给予最后期限一样，如果情况允许，你应该让人们知道，你的请求为什么紧急、为什么必须要重视起来，这样可以帮助对方对事情有所了解，并调整自身任务的优先级架构。

4. 对方理解了吗？及时询问请求反馈

你的意思与他人的理解有时候可能是两回事，如果你无法确认对方是否已经明白，那么，你就需要得到反馈，这将确保对方准确地把握你的意思。

对于"明天上午9点请提交你的工作心得"这样标准明确而简单的请求，得到肯定回答便已经足够。但当要求复杂一些的时候，我们可能就需要对方能够再次表达他的理解，此时再问一句："你现在了解我的意思了吗？"绝不算多余——这样，一旦他的理解与我们的意思有所不同，我们便有机会做出适当的补充。

对于这一提出请求的方式，珍妮弗教授总结为"3W"公式。

"What"，你想要什么行动、成果或结果，包括所有详细的说明。

"When"，何时，是指你想要它的到期日与时间。

"Why"，为什么，是指它对你、组织、被请求者或其他目标、情况重要。

当你的请求行动以"什么——何时——为什么"式沟通为架构时，你会发现，对方变得更可信、更负责任，而你也能够获得更令自己满意的结果。

态度诚恳是求人的敲门砖

求人办事，说话态度很重要，而诚恳绝对是最佳的"仪表"。诚恳的同时，也要让对方清楚，为什么要帮你。你的话越诚恳，对方就越不会拒绝你。另外，求人办事，一定要明确自己的目标，这样一来，别人才能有的放矢。

求人办事，最考验一个人的语言表达能力。如果你的口才出众，三言两语就可以把话说到位，求人之事自然水到渠成；如果你是一个言语木讷的人，支支吾吾，欲言又止，很容易招人烦，求人之事自然是败多胜少。不过，说话真诚可以弥补自己在说话方面的短板，因为它并不是要求你在言辞上多么委婉或华丽，而是简单明了地说清楚自己的诉求。

19 世纪的法国作家左拉为发表自己的处女作《给妮侬的故事》，颇经历了一番波折。刚开始，他捧着自己的书稿，拜访了三家出版社去推销自己的作品，但都未获得成功。不过他没有放弃，紧接着又找到了第四家出版社。

走到第四家出版商拉克鲁瓦的办公室门口，左拉有点沮丧，他担心再次被拒，便有了退却的想法。但为了不辜负自己的付出，他决定勇敢一点，也相信肯定会有人赏识自己的才华。

左拉深吸一口气，敲了办公室的门，只听里面说了一句"请进！"

左拉走进办公室，拉克鲁瓦抬头看了一下手里捧着书稿的左拉，便问道："你是要出书吗？"

左拉几乎不假思索地说道："我已经拜访了三家出版社，但都被拒绝了，您这里是第四家，我希望也是最后一家。"

拉克鲁瓦愣住了，从来没有哪位作者会像这样对他说话，因为如果这样赤裸裸地讲出自己的遭遇，书稿八成是无法出版的。但是，这个小伙子竟然敢这样讲。

看到拉克鲁瓦没有说话，左拉又补充了一句："请相信我，您能从这本书里看到我的才华。"

拉克鲁瓦被左拉如此坦率的行为所吸引，也有些感动，但依然有点怀疑这个年轻人会不会是在吹牛，毕竟这年头吹牛不需要什么成本，有胆子就行。他决定留下左拉的作品仔细审阅一下。

看完后，拉克鲁瓦发现左拉确实很有才华，便决定出版这部名为《给妮侬的故事》的作品，还与左拉签订了长期的出版合同。

常言道："在家靠父母，出门靠朋友。"一个人一旦踏入社会，总会有需要他人帮助的时候，所以要切记一条求人办事的准则：说话诚恳。左拉没有一上来就说自己很有才华，而是先把自己之前的"悲惨"遭遇告诉对方，这是一种非常巧妙的说话策略。当然，至少对左拉而言，这种策略是"无心插柳柳成荫"，因为他只是想表达自己的诚意。

马上就到植树节了，上级部门给某机关分配了植树任务，机关上下几十个同志都没有异议，唯有几个老同志任凭主任怎么动员、劝导都不愿意参加，这让主任很尴尬。

下班后，主任把这几位"老顽童"叫到办公室，本打算对他们的行为进行一番批评教导，但转念一想，感觉他们都是老同志，直接批评可能面子上过不去，而且批评了也不一定起作用。于是，他临时换了一种策略。关上门后，主任轻声地对他们说："我现在遇到了一件很为难的事，想请你们帮个忙……"奇怪的是，几位老同志做出了和上午完全相反的表态："主任，你也不要为难了，我们会去参加的。"

其实，主任也没有用什么高超的说话策略，只是坦诚地说了句充满人情味的话。可见，求人办事态度很重要，一定要做到"动之以情，晓之以理"。

没有人会拒绝信心十足的人

很多时候你寻求别人的帮助不成功，不是因为你态度不够诚恳，也不是因为别人不愿意帮助你，而是因为你没有让对方详细了解自己的规划。

在现代社会，即使是亲人、朋友之间面对他人的请求时，也会考虑一下自身得失。如果在求人办事时，你只是一味地说借钱，或者是一味地让别人帮助你，根本没有任何说服力。

因为在你请求别人的后续计划中，没有清楚地向对方阐述自己在得到他的帮助后，是如何给他带来更大利益的，或者至少不会让他产生损失。所以，对方对于帮助你这件事情就觉得自己没有参与进来，对你的未来预测就会有太多的不确定性，当然这些不确定就会转化成对你的担忧。他担心跟你合作钱款会"有去无回"；又或者会担心帮助了你不仅对自己的升职没有好处，还会让自己受到更大的排挤，因此选择拒绝帮助你。而懂得说服技巧的人总是愿意在寻求帮助时，将自己的规划讲与别人听，让别人吃下一颗"定心丸"。

楚伟一家及他的亲戚，几代人都是大山里老实巴交的农民。到了楚伟这一代，他好不容易考上了大学，家里人本想着楚伟能"鱼跃龙门"，到外面的大世界去闯荡。没想到楚伟毕业后竟想要说服大家筹集一笔钱，在大山里面搞什么生态旅游、野味开发的项目。这在他们家，甚至是他们村里都炸开了锅。

面对大家的疑惑，楚伟娓娓道来："我也曾想过找个能坐在办公室里的工作，安安静静地做个小职员，一个月拿个几千块钱，挺悠闲。可是，我们村里有这么好的资源，不开发就浪费了。大山养育了我，我不能只顾着自己享福，却不想着乡亲们啊！"

"可是你搞旅游、搞野味就行了吗？就咱这穷乡僻壤的，谁来呀！"人群中有一个人喊道。

"虽然我不能保证让大家挣到多少钱，但是我敢保证绝对比你们整天在那儿面朝黄土背朝天地干活要强。就拿紧邻咱们村西头的那个大瀑布来说，我们可以搞一个水上漂流的项目，在咱们县城的各个要道打上广告牌，吸引一些城里人夏天来我们这里避暑、游玩，然后我们向他们收一些费用。

"再比如咱们村北面紧靠着大山，我们可以在山上种一些野山菇、山菌之类的野味，并把这些产品放到类似于淘宝、天猫等一些门户网站上进行售卖。当然在售卖的同时，我们也可以让大批的外来人员来到我们这里参观，同时又可以提高我们这里旅游业的知名度。

"我已经悄悄地留意过，现在大部分的城里人都比较注重养生。我说的这些项目在一些比较发达的城市已经比较火爆了，而我们也会慢慢地朝那个方向发展起来的。"

虽然大家文凭都不高，楚伟说的许多知识他们也都不了解。但是听楚伟规划得如此详尽，并在他们这里都具有可实施性，大家都觉得很有道理，心中的疑惑顿时烟消云散。大家纷纷举手赞成了楚伟的意见，共同出资将这个项目开发了出来。

在面对大家的质疑和不解时，楚伟正是用自己详尽的规划，才打消了大家的疑虑，让大家从他这里看到了希望，最终说服大家共同投资这个项目。

有时候说服他人真的很简单，你只需要让他看到你的努力，看到你是如何规划自己的道路就行了。

小莲想从自己的朋友小凡那里借点钱搞服装批发。小莲到小凡那里详细地将自己如何寻找到了供应服装的厂家，厂家如何组织发货，自己准备如何装修店面，如何制订销售计划，从哪种渠道开发新客户，甚至如何选择店员，工资给多少，等等，这些都一五一十地告诉了小凡。

听完小莲的叙述，小凡微笑着说："看你把自己的事业规划得这么完美，肯定不会有什么差错的。就算是出了什么差错，没挣到钱，就凭你能将这些计划统统都告诉我，也是对我的一种尊重和信任。你信任我，那么我肯定也相信你。你等着，我这就给你取钱去！"

人们都喜欢努力的人，努力的人运气肯定不会太差。所以，人们也总是喜欢去帮助那些努力着、对自己所求的事情有着完善规划的人。因为这些人不仅可以给自己带来好运气，而且可以让自己对生活充满激情。

因此，想要让自己所求的离成功更进一步，想要帮助你的朋友越来越多的话，一定要记得在说服他的时候，让他详细了解自己接下来的规划，让他放心，他才愿意去帮助你。

审时度势，抓住开口的时机

求人办事的过程，就是说话的过程。能说、会说非常重要。而且懂得察言观色、善于抓住开口的时机也非常重要！

尹杰看上了一套房子，但是自己手里的钱不够，就想着从自己的同学兼好朋友郭伟那里借2万块钱。因为最近郭伟生意上接了一笔大单子，挣了不少的钱。

尹杰来到郭伟的公司，见他笑意盈盈地跟自己的下属分配任务，看来今天心情不错。于是，就坐在他办公室外的沙发上安静地等他处理完事情。

过了一会儿，尹杰看郭伟处理完了事情，在那儿哼着小曲，悠闲地喝起了咖啡，于是就敲门走了进去。一见面，尹杰就客气地说："郭哥，看你春风满面的样子，最近生意不错啊。"

郭伟听到尹杰这样说，谦虚地回答："哎呀，小杰，你就别埋汰我了，也就挣了点儿小钱。"

"小钱，可不止吧。我听说由于最近物价上涨，你原来从工厂里低价拉的10万件货一下子就成了抢手货。按市场的需求来说，你这一件货只是差价就挣了4块多，还不算上工厂里对你的奖励。这样算来，你这次最少挣了40多万，真是比我们这些上班挣死工资的强多了，大家都说你是咱们班里最有出息的人了！"尹杰

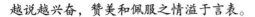

越说越兴奋，赞美和佩服之情溢于言表。

听了尹杰的赞美，郭伟脸上更是洋溢着喜悦："大家真是过奖了。不过说起挣钱，我还真有自己的一套理论。当初你们大家毕业后都纷纷选择上班，只有我一个人选择了经商。当初还有许多同学为我放弃一个月 4000 块钱工资而惋惜，但你看现在物价上涨得这么快，瞧瞧那些拿死工资的，哪个不是日子过得紧巴巴的。"

"是呀，你就说我吧，一个月 7000 块钱，听起来不少。可是除了吃、花，每个月剩不了几个钱。你看现在房价都涨到了 7000 多了，我一个月不吃不花，才够买那一平的房子。"尹杰一边赞同似的点头，一边大倒苦水。

"嗯，现在房价是挺贵的，不过据可靠消息说，往后房价还会再涨的。咱们市区的房价过万，是最终的一个发展趋势。你不是也没有房子吗？攒了这么多年的钱，别放着了，越等越贵。"郭伟替尹杰分析道。

听了郭伟的话，尹杰顺势说道："郭哥跟我想到一块儿去了，你也支持我赶紧买房子吗？"

"支持，必须支持！"郭伟信誓旦旦地说。

"说实在的郭哥，我前两天还真的看上了一套房子，位置什么的都挺喜欢。但是价格比我预估的高，我自己准备的钱还差了 2 万。今天来就是想看看你能不能先借给我 2 万块钱，我过四五个月就能还给你！"尹杰见时机已经成熟，就将自己来借钱的请求说了出来。

郭伟本来心情就不错，听了尹杰的话，一拍胸脯回答道："老同学，包在我身上！不就2万块钱吗，即使你现在要借5万我也能拿得出手。等一下我就让会计把钱拿给你！还钱的事你也不用着急，什么时候有什么时候还！"

你看，尹杰正是抓住郭伟心情好这个时机，才能够成功从他那里借到钱。

一个情商高的人，或者是会说话的人，总是善于利用各种机会来说服别人。求人办事，一定要选择好开口的时机！当你遇到以下几种情形时，千万不要急于向别人说出自己的要求。

1. 当对方正处于麻烦的事情中

这一条很容易理解，当对方正为自己的麻烦事情而烦恼，或者为某一件事忙得不可开交、分身乏术的时候，你去求他办事，即使是他能为你办的，他也不会答应你的，没准儿还会觉得你"没眼力劲儿"，白交了你这个朋友，使你得不偿失。

2. 当对方劳累的时候

人在劳累的时候最想做的事情就是休息，或者是让自己放松一下。你在这个时候去打扰对方，会显得非常不礼貌。对方跟你谈几句话可能就没有耐心了，兴许还没等你把自己的难处或者诉求说出来，人家已经对你下达了"逐客令"。

3. 当对方完全没有想跟你说话的意思时

对方不想跟你说话有两方面的原因：一方面是他自己心情不好，太累了，想休息休息。此时你应该注意察言观色，不要在这种时候去打扰对方，应该寻找合适的机会再次向对方表明自己的来意；另一方面可能是由于人家听了你的诉求后，本来就不愿意帮助你，不愿再听你说下去，此时，你还多说什么呢！

　　所以，求人也要掌握一定的"势"，当形势不利于自己的时候，要懂得乖乖闭嘴；当形势有利于自己的时候，一定要懂得抓住时机，当机立断！

不论事成与否，感激必不可少

求别人办事，对方办得好还行，办得不好的话，有些人就会满腹牢骚，甚至是极尽讽刺挖苦之词。其实，求别人帮忙那是你自己的需求，人家帮助你完全就是出于朋友的一个心意。你不能把自己的愿望和需求完全强加在别人的身上，这不仅显得你这个人非常没素质，还不利于你未来的人际交往。

蔡兵跟谢雨是两个关系不错的同事，两人经常在一起吃饭、聊天。蔡兵这个人喜欢交朋友，胸怀宽广，但是老爱在别人面前吹嘘自己的一个朋友开一个教育培训机构很成功，在省内有多家分公司，并且发展势头很强。

谢雨的一个表妹刚刚大学毕业，她希望毕业后在自己所在的家乡做一名教师。其实自己表妹的成绩也不错，但因为一直没有针对性地学习过那些教育学、心理学之类的知识，所以以前也考过一次，没考上。表妹的父母找到谢雨，谢雨第一反应就是找蔡兵帮忙。

听谢雨讲完事情的始末和来意后，蔡兵信誓旦旦地说："别担心，这件事情包在我身上！"

但是过了一个月，蔡兵垂头丧气地找到谢雨说："真的不好意思，我那个朋友的机构招聘现在变得严格起来了，这次的应聘对象必须专业对口！我托了好多关系，费了好大的劲儿，还是没办成！"

谢雨听完蔡兵的话后，带着质疑的口气问道："你不是说这机构是你朋友开的吗？怎么能办不成呢，是不是你没有跟你那位朋友好好说？又或者是你根本就没有这样的朋友！"

本来蔡兵还在为自己没有替朋友办成事而内疚，但一听谢雨这么说，顿时火冒三丈道："我费那么大劲儿去疏通关系，虽然没办成，你也不至于这样说我吧。就算是我没有办成又怎么着！"

两个人越吵越凶，最后是被大家拉着才各自回到了办公室里，场面非常尴尬。经过这件事情，两个人对彼此充满了意见，由原来的好朋友变成了互相仇视的敌人。

正是由于在面对蔡兵没有将自己的所求办好时，谢雨说话不当，两人才会产生矛盾。其实，不管蔡兵有没有尽力为自己办事情，谢雨都不应该情绪激动，做出有损于彼此友谊的事情。

在面对朋友没有为自己办成事情时，一味地埋怨、抱怨只能让事情变得更加复杂。不仅对解决真正的问题没有任何作用，还会让对方觉得你是在有意为难他，觉得你没有度量，损害彼此已经建立起来的友谊，可谓百害而无一利！

因此，聪明的人总是具有容人的雅量，即使是对方没有为自己办好事情，也能够充分表达自己的感激之情。

马刚跟苏建在同一个部门工作，但负责的工作内容不同。马刚有点不善表达，因此虽然他俩在同一个办公室，但对于彼此却并不太熟悉。

有一次，马刚想要苏建帮自己做一下公司的广宣品设计手册，毕竟自己不擅长这个，而苏建正好可以做这方面的工作。

听了马刚的请求，为人豪爽的苏建满口答应了。

第二天上午，还没等马刚去找苏建拿东西，苏建就过来找到马刚，并告诉他，这个工作自己做不了。因为苏建发现，马刚给他的这个版本自己之前没有使用过，不知该如何使用，并且现在公司的要求比之前严格了好多，自己不一定能做好。

"我已经捣鼓了一上午，还是没有发现窍门，只简单地做了一个大纲。真的非常抱歉，耽误你的事情，你要不去找找别的高手！"苏建满怀歉意地说。

马刚本来还有一丝遗憾，但听到苏建如此诚恳地道歉，就拍拍他的肩膀说："虽然最后的结果不是很好，但我还是要跟你说声感谢。毕竟你也是花费了自己不少时间来处理我的事情。你已经尽力了，以后如果有用得着我的地方，也请尽管开口！"

苏建听了马刚的话，顿时觉得心里有一股暖流流过，也由衷地佩服马刚的度量。

经过此事之后，苏建认为马刚是一位值得深交的朋友，于是就时时关注着他的需要，当马刚遇到困难时，他总是第一个伸出援助之手。慢慢地，两人互相敞开心扉，变成了无话不谈的好哥们。

马刚正是由于在苏建没有将自己的所求办好的情况下，体现出了一个君子的风度，不仅没有怪对方，还能够表达自己的感激之情，才能意外交到这样一位好朋友。

其实，在生活、工作中，只要别人在尽心为你提供帮助，无论最后事情有没有办成，你都应该对别人心存感激并表达感谢。因为无论如何对方都为你的事耗费了时间和精力，最后没有办成也不是他想看到的。这时你如果还埋怨和斥责对方，可以说很伤人心；而如果你能理解他，并对他表示感谢，他就会觉得你很善解人意和宽容，以后你再有困难时也会竭尽全力来帮助你。

　　所以，当你求别人帮忙时，即使事情没有做成，也要表达你的感激之情，让自己即使是求人办事也有一个完美的收场，这样能够让你获取更长远的利益。

换个方法，避免开口难

人生在世，谁敢说一辈子不求人？有的人求人时总是碰钉子，而有的人却顺风顺水。所以说，求人办事也是一门技术活，是一个人能力的表现。

俗话说："上山擒虎易，开口求人难。"有人曾经总结，发现求人有三难：

第一，开口难。只要是要去求的人，肯定和你存在某种关系。可能是昔日的同学，可能是你的亲戚，也可能是亲密无间的好朋友。无论在同学、亲戚面前，还是在朋友面前，张嘴求人办事都是很难的，因为那样会让两个人的关系立即变得紧张起来。因此，很多人都会认真考虑该不该张嘴求人，这就是所谓的开口难。

第二，等候回复难。开口求人后，就要等候回复，给人一个思考的时间。此时，求人者会觉得自己就像一个厚着脸皮伸出手的乞丐，在心理上比对方低一等。

第三，结果难。如今，每个人都很聪明，遇到任何事都不会立即答应或拒绝你，就算是举手之劳也会考虑一番，嘴上说着"我一定尽力帮你办"，实际上却不见行动。等你心急火燎地催促时，他又告诉你遇到了什么难处，然后一拖再拖，拖到你自己都不好意思再问为止，最后只能不了了之。

由于这三难，很多人的原则就是能不求人尽量不求人。这些人一直害怕有事，更害怕去求人办事。但是，生活往往不尽如人意，很多时候，我们不得不违背自己的意愿去求人。无可奈何之下，犹犹豫豫之后，只得放下尊严，低头求人，说一些一辈子都不愿意说的话，做一些一辈子都不愿意做的事。

就拿借钱来说，有些人一提到去和别人借钱就会感到害怕，不知道如何张口。其实，只要从借出者的角度考虑问题，运用一定的语言技巧消除对方的顾虑，开口借钱也就不是什么难事了。

首先，和对方交谈时，要用商量的语气，说话的口气不能太硬，更不能说一些伤害对方的话，而且要保持一种有求于人的姿态。比如，孩子生病住院了，手头上一时缺钱，不得不向对方张口借钱时，可以说："我的孩子生病住院了，还差 5000 元，如果你手头宽裕又没什么急用的话，我想从你这借点儿，下个月我发工资了就还你。"如果对方犹豫，担心到时候空口无凭，你可以主动要求写借条，消除对方的顾虑，并对对方说："如果你没有闲钱，那就当我没说过这话，我再到别处借借，毕竟家家有本难念的经，都可以理解，咱们今后还是好兄弟；如果你有闲钱，这是我提前写好的借条，你一定要收下。虽然咱们的关系非常好，不需要写借条，但是都说'亲兄弟明算账'，咱们交情归交情，金钱归金钱，我觉得咱们关系好才开口找你借钱，借条你收下，不然我就不好意思找你借了。"

用这种商量的语气，会消除对方的顾虑，只要别人手头上有闲钱，一般都会慷慨相助。可是，有些人却不明白这个道理，向别人借钱时竟然说："谁都知道你卡里存着几万块钱，借我几千还不是小事，又不是不还你，怕什么？"向别人借钱时，和比较熟悉的人这样说还无可厚非，和关系一般的朋友这样说就不太合适了，因为这种说法太生硬，没有人愿意听这种话。

其次，有一点一定要注意，向别人开口借钱时，一定要说出你准备什么时间归还，过后还要准时还给对方。比如，和自己的朋友一起逛街，看到一件比较好看的衣服时，你非常想把它买下来，但是手里没什么钱，就可以说："能不能先借我 200 元呀，我回去后就还给你。"明确说出归还时间，可以消除对方的顾虑，让他知道借出去的钱有了保障，就会放心地把钱借给你。

求人办事，为了不碰钉子，应当注意以下几点：

1. 要过自己心理这一关

在心中告诉自己，既然求人是无法避免的，倒不如理直气壮一些，开口求人也要心中舒坦，不用谎话连篇，也不用乞哀告怜，更不能任人奚落而无动于衷。

2. 要有足够的耐心

开口求人时不一定什么事都能办，如果对方面露难色，或者对你态度冷淡，不要觉得自己失了面子，更不要觉得受到了侮辱，因而失去了耐心。

3. 选择最佳路线和方法

现代社会专业分工明确，如果到处去求人办事，未必能成，所以一定要摸清具体情况，找准能帮助你的人。

4. 要理解别人

有些人求人办事时，总觉得对方神通广大，没有办不了的事，对对方的期望值过高。其实，任何人都有自己的短板，都有自己的难处，如果你能理解别人这一点，就不会觉得求人办事太难了。

5. 不能死缠烂打

开口求人无可厚非，但是不能死缠烂打，逼着对方必须答应你的要求。

善于引导，才能不被拒绝

很多人认为多一事不如少一事，因此，在潜意识里对他人的请求会有所排斥。他们要么在礼节上表现得很客气，但言语上却大谈自己的难处；要么连表面文章都不屑于做，直接让你坐"冷板凳"或者给你吃"闭门羹"。有些急性子的人看求人不成就赖着不走或者说些强势的话恐吓对方，这样的请求十之八九会泡汤。如果换种方式，比如态度温和一些，说话委婉一些，不流露出你求人的意图，等时间到位了，气氛也有了，再谈求人的话，被拒绝的概率自然会小很多。

邓佳轩在国内一家小有名气的杂志社任主编，而他的岳父是财经界一位很有名气的作家。最近，杂志社正在就一个财经专栏做选题规划，邓佳轩就想向岳父约稿。因为当初结婚时，岳父极力反对女儿嫁给他，所以两人的关系有点僵。再加上岳父脾气古怪，对向他约稿的人都不怎么友好，所以对于能否约到岳父的稿子，邓佳轩心里没底。于是他决定带上妻子，亲自到岳父家走一趟。

和往常一样，邓佳轩和岳父相处得不是很融洽。无论他怎样试探，岳父都装聋作哑，或者点头敷衍，不给邓佳轩好脸色。进门老半天了，也一直没找到机会，所以邓佳轩打算今天就不谈约稿的事了，随便陪老人吃吃饭、聊聊天。

吃饭的时候，邓佳轩突然想起岳父最近有一本书在英国出版了，便问道："爸，听说您去年写的那本书被翻译成英文，在英国出版了，是真的吗？"

一聊到自己写的书，岳父立马来了兴致，颇为自豪地说道："是呀。"

邓佳轩接着问道："爸，您的新书构思很独特，而且分析得也很深刻，不知道翻译成英文，能不能把里面的意思完全表达出来？"

岳父赞赏地看了邓佳轩一眼，点头说道："这点也是我担心的。"

接着，俩人就新书在国外的发行滔滔不绝地聊了起来，气氛也变得轻松许多。后来，加上妻子在旁边帮腔说话，岳父非常爽快地答应为女婿的杂志社写一篇稿子。

故事中的岳父脾气古怪，性格倔强，估计一开始就猜测到了女婿有求于自己，所以故意疏远。当女婿提到他写的新书时，老人的态度顿时发生了戏剧性的变化，因为聊到了他的兴趣点。即便对女婿不满意，但人家既然对自己的新书那么关心，心里面肯定也会感觉欣慰。邓佳轩通过这一点，俘获了老人的心，进而让老人答应自己的约稿请求。试想一下，如果邓佳轩一开始就要求约稿，惹老人生气了，估计后面连谈书的机会都没有。可见，求人时若循序渐进，耐心引导，结果就会好很多。

雷特曾担任过《纽约时报》的总编辑，当时，他身边缺少一位精明能干的助理。其实当时雷特心中已经有一个人选了，对方就是年轻的约翰。不过，当时约翰刚辞职，打算回家乡当律师。

雷特请约翰到联盟俱乐部吃饭。饭后，雷特提议约翰到报社转转。在报社，他看似随心地从一堆电讯中间选了一条尚未编辑的重要新闻，对约翰说："先请坐下来，帮我写一段有关这条新闻的社论吧。"约翰觉得也耽误不了多少时间，就答应了。社论写得很精彩，雷特看完也颇为赞赏，就以最近新闻量较大为由，请求约翰再帮一个星期的忙。一个星期过去后，雷特又请求对方帮一个月的忙，渐渐地，约翰在不知不觉间放弃了回家当律师的打算，留在纽约做起了新闻记者。

从以上两个例子我们可以轻易地得出这样一条规律：强求不如善导。那么，怎样引导效果最佳呢？

1. 抓住对方的兴趣

当你想让别人参与到你的事业中，就应该多从事业本身以及它的前景里挖掘出一些能吸引对方的兴趣点，这样更容易达成目的。想让别人做一件容易的事情，就要让对方获得哪怕是小小的成就感；想要别人做一件大事，就要给对方一个强烈的刺激，让他有去做的欲望。

2. 利用对方的好奇心

每个人都有好奇心，只要在求人时，因势利导，抓住对方的好奇心，就可以变被动为主动。

第八章
说服对方的攻心术

先发制人，掌握主动权

辩论主要是在"争"什么。有时候，不是能力、技巧，而是主动权。人们也常说"先下手为强，后下手遭殃"，所以，有时候谁掌握了主动权，谁就可以做到先发制人。

与对手短兵相接，面对面辩论时，如果论据充分，就要直接驳斥对方的核心论点，指出其明显违背事实或常理的地方。这就好比在战争中，一旦发现对方的老巢，就调集火力对其老巢猛烈进攻一样。

1988 年，在"亚洲地区大学生辩论赛"的一场预赛中，新加坡国立大学队对香港中文大学队，辩题为"个人功利主义是社会进步的最重要的因素"。辩论一开始，站在反方的香港中文大学队就以反问的方式进行猛攻，其中一名队员指出："孙中山领导辛亥革命推翻中国的封建制度，难道是因为个人功利主义吗？爱迪生发明电灯造福人类，难道是因为个人功利主义吗？"

在这轮辩论中，香港中文大学通过列举两个无可辩驳的历史事实，既表明了姿态，又让对手陷入了被动。将历史事实作为反驳对方的论据，自然有很强的说服力；另外，在一开始就采取主动攻势的另外一个好处，就在于它可以让自己在心理上占据更优越的位置。

辩论虽是舌战，但绝非像泼妇骂街，而是要综合考虑攻守，进而采取最有利于自己的战略。虎头蛇尾的强攻或者忍气吞声的防守都可能置自己于死地。《孙子》曰："备前则后寡，备后则前寡，备左则右寡，备右则左寡，无所不备，则无所不寡。"正如《战争论》的作者、德国军事理论家和军事历史学家克劳塞维茨所言："进攻就是最好的防御。"辩论最有效的战略就是主动进攻，因为只有这样，才能掌握主动权；有了主动权，整个辩论赛场就是你的主场。当然，主动不代表盲目，进攻亦要讲究技巧，唯有这样，才能取得最好的效果。

除了正面强攻之外，还可以采取侧面、包围、迂回等手段达到占据主动权的目的。所谓侧面进攻，就是当对方论点看似无懈可击，一时找不出其中的破绽时，先不与其进行正面交锋；等对方在辩论过程中出现漏洞时，再对其穷追猛打。所谓包围进攻，就是当对方的分论点很复杂或者难以理解的时候，将对方的核心论点分割开来，并逐一进行反驳。等这些分论点瓦解了，其核心论点的构架自然也会解体。而迂回进攻就是在对手论据充分、辩词无可挑剔时，从对手的辩论态度、讲话风度等方面展开诘难。

下面讲一个侧面进攻的故事。

1966 年，作为演员出身的里根和布朗共同竞选加利福尼亚州州长一职。为了诽谤里根的演员出身，布朗的助手们苦心编了一个电视节目。其中，布朗向一群小学生问道："林肯总统是被谁暗杀的，他的职业是什么？"这里说的正是暗杀林肯的演员约翰·威尔克斯·布斯。然而，这期节目出现了漏洞，被里根的竞选班子抓了个现行，结果自然适得其反——让里根赢得了无数张同情票。结果，里根以绝对优势顶替布朗成为加利福尼亚州新一任州长。

里根是演员，这和刺杀林肯的布斯有什么关系呢？布朗的失误就在于"抓了芝麻，丢了西瓜"。

在辩论中，如果因为准备不足而出现漏洞，就等于把原有的主动权拱手让给了对方。得此良机，对方自然会毫不留情地反击，所以，漏洞往往是辩论胜败与否的关键。

在一起盗窃案的审判中，法官问一名窃贼："你在本市的两次盗窃中都偷走了哪些东西？"谁知窃贼却矢口否认，还说自己只是到市里来走亲戚，并非偷东西。面对窃贼的狡辩，法官问道："既然是走亲戚，那为什么说不上亲戚的名字？既然是走亲戚，为什么还随身携带匕首？既然是走亲戚，那为什么大半夜到处乱跑？既然说亲戚在市里面，那你在郊区乱转悠什么？"

"这……"听完法官的连续盘问，窃贼顿时瞠目结舌。

法官一看窃贼对自己的案情有狡辩的先兆，不等对方多做解释，通过四个铿锵有力且连珠炮式的提问，让对方的疑点一一暴露出来。这种先发制人的辩论技巧，不给对方任何辩驳的余地，可谓大快人心，也为案件的审理节省了不少时间和人力方面的成本。

在辩论中，谁掌握了主动权，谁就会在辩词和心理上同时占据优势，这是辩论胜败的关键。所以，在进攻过程中，一定不能放过任何一个可以对其穷追猛打的机会。一旦发现，就要主动出击，方可一举取胜。

巧用逆向思维说服对方

在生活中，经常会遇到身边的人因为一些琐事向我们诉苦。更有甚者，有的夫妻一吵架就说些要死要活的狠话。对于这种情况，置之不理显然不合乎情理，毕竟这样的星火矛盾如果不及时化解，就有可能迅速演变为燎原之灾。但太当回事，也不一定就能起到作用。此时，如果我们仔细揣摩一下诉苦方的心理，用逆向思维巧攻一下它的虚处，说不定就能让事态往好的方向发展。

周末，有一位经常宅在家里的太太到邻居张女士家里诉苦，说自己的丈夫很不像话，经常在外面乱来，对家庭也不关心，最后还信誓旦旦地说要和丈夫离婚。

张女士知道，这位太太原本很爱自己的丈夫，丈夫也很爱她，他们曾经是小区里公认的模范夫妻。最近，丈夫的公司出了点事，不能像往常一样准时回家，她便四处向街坊、朋友诉苦，并放出离婚的狠话。

因为对这位太太要诉的苦有了一定的心理准备，所以张女士也不足为奇。为了节省时间，不再和她这样耗下去，张女士决定不再像往常那样正面劝她，也没有帮她谴责她的丈夫，而是装出一副慎重思考的样子，并告诉她："像这种没有责任感的男人，趁早离婚也好，免得日后受罪。"

　　果不其然，那位太太听完张女士的话后愣住了，脸色也变得有点难看。她本以为张女士会像大家一样同情她的处境，安慰她的情绪，没想到对方竟然劝自己离婚，所以也没再说什么，坐了一会儿便离开了。

　　张女士后来发现，那位太太像变了个人似的，再也没有向邻居们诉说丈夫的不是，在聊天的时候，反而能站在别人的立场上体谅他人。当然，他们没有离婚，而且夫妻感情也越来越好了。

　　有人站在楼顶或者江河的桥上一心寻死，旁人如果一味地从"别做傻事""有什么想不开的呢？"这样传统的老套路去劝解，只会加剧对方悲观的情绪，无法消除他自杀的念头。相反，如果说："要是你真的在世上了无牵挂了，那就跳吧！"听到这种明显违背常理又违背他期待的劝说，对方必定会感到恐惧，进而反思自己的价值，说不定会想：既然你们想看我的笑话，我就偏不跳，让你们的计谋无法得逞。

　　事实上，这种心理并非凭空捏造，而是有科学依据的。心理学家认为，人类身上有一种探究的本能，凡遇事都想知道个所以然，以揭示其中的奥秘。就是这样的本能激发了人类的好奇心，驱使他们找到事情的真相。当这样的欲望被禁锢得越发强烈时，人的抗拒心理也会越大。每个人的心里都藏着某种程度的逆反心理，别人告诉你说"不准看"，你就偏要看；别人告诉你"不准做"，你就偏要做。现实生活中，别人嘴上怎么说的，或者行为上怎么表现的，都不是最根本的，他们心里怎么想的，才是最重要的。所以，用逆向思维巧妙攻心，可不战而降人。

　　刘烁是一家公司的人事经理，在和一些年轻同事交往的过程中，发现这些年轻人都不想吃亏，还总喜欢贪点小便宜，有一次还因为这个差点起了冲突。一天，他把几个年轻的同事叫到办公室，谈起了"什么是真正的朋友以及怎样认识这些朋友"的话题。刘烁说："真诚是朋友关系最核心的纽带，而且你们也应该知道，那些在饭桌上主动买单的人并非人傻或者钱多炫富，而是他们认为友谊比金钱更重要；合作时总是让利的人，也不是对方笨，而是他们知道分享；吵架后先道歉的人，不是对方错，而是他们懂得珍惜；工作中愿意多付出的人，也不是因为呆，而是知道何为责任。来自五湖四海的人能够相遇，本身就是一种缘分，但想要相处得融洽，就必须拿出自己身上的诚意和信誉。想成为一个什么样的人，是个值得深思的问题。"

　　听完刘烁的这番话，大家都若有所思。后来，有个小伙子主动找到刘烁，对自己以前的行为向他表示道歉，还说以后会和同事互帮互助，不再总是以自我为中心了。

　　在说服的过程中，刘烁运用逆向思维把人们在工作生活中习以为常的做法进行了提纲挈领式的逆向分析，描述具体，论据充分，突显了诚信待人处世的精髓，自然会让大家铭记在心。

适当的"刺激"帮你达到目的

所谓激将法，就是利用对方的自尊心和好强好胜的一面，激发对方积极奋进的潜力，从而达到理想中的说服目的。

孙阳初中时数学成绩很好，还当过数学课代表，但进入高中后，数学成绩却直线下滑。班主任找她谈过多次话，但效果并不理想。终于有一天，孙阳最不想看到的一幕发生了：她被叫到班主任的办公室，而且那里还站着自己的父母。

班主任先是用极其严厉的口气向家长汇报了孙阳最近的表现，又当着她的面说："我原来一直以为，你数学成绩上不去是因为没有上进心，现在看来，你根本就没有这方面的天赋，你就是一个平庸的人！……"听到这样的话，孙阳异常愤怒，最后她泪流满面，感觉老师太无情了。回家的路上，妈妈边为孙阳擦眼泪，边安慰她说："老师的话是重了些，但也是为你好，你其实是很有天赋的，只是没有表现出来。要我看，你干脆做出个样子来，让老师看看，也证明他是错的。"孙阳没有说什么，心里面已经盘算着怎么"报复"老师了。

在学期末的一次考试中，孙阳的数学成绩从原来的 30 多名，一跃成为班级第 2 名。总结会上，班主任还特意表扬了孙阳。后来，妈妈告诉孙阳，班主任上次对她用的激将法其实是他们共同商量的，因为害怕对孙阳造成过度的伤害，父母就扮演不知情的角色，对她进行安慰。现在看来，孙阳的"报复"确实成功了，但赢的人还有班主任。

激将法的运用，要做到因人而异，不可盲目。一般而言，劝说争强好胜的人更适宜用激将法；而对那些谨小慎微、内心敏感的人，最好不要用，因为他们会把激将之言理解为嘲讽之语。如果是这样，那就会违背激将的初衷。

三国时期，面对曹操的大军压境，苦于缺少良将的刘备打算让老将黄忠出马。黄忠虽已答应，但诸葛亮却对其能力表示怀疑，故意当着黄忠的面对刘备说："老将军虽然英勇，然夏侯渊非张郃之比也。渊深通韬略，善晓兵机，曹操倚之为西凉藩蔽；今将军虽胜张郃，未卜能胜夏侯渊。吾欲酌量一人去荆州，替回关将军来，方可敌之。"

此话并非诸葛亮本意，而是为激发老将的决心。果不其然，此话一出，黄忠立刻斗志昂扬，奋然答道："昔廉颇年八十，尚食斗米，肉十斤，诸侯畏其勇，不敢侵犯赵界，何况黄忠未及七十乎？军士言我老，吾今并不用副将，只带本部兵三千人去，立斩夏侯渊首级，纳于麾下。"

事后，诸葛亮对刘备说："此老将不着言语激他，虽去不能成功。"事实证明，战场上的老将黄忠果然所向披靡。

由此可见，激将法如果用对人、用对事，用在恰当的时机，效果就会非常明显。话虽如此，但在运用激将法的时候，也要注意以下技巧：

1. 看对象

刺激的对象要心理成熟且有强烈的自尊心。

2. 看时机

如果出言过早，"反话"容易让人丧气；如果出言过晚，会被认为是马后炮，无法取得应有的效果。

3. 注意分寸

要保证出发点正确，要体现出尊重、信任和爱护。不痛不痒的话当然起不到"激将"的作用，但是如果语言过于尖酸、苛刻，又会让人反感。因此，运用激将法的时候要特别注意语气的分寸和感情色彩，把褒贬有机结合起来，自然会产生积极的效果。

把自己的想法"伪装"成对方的观点

说服别人时，最好不要直接表明自己的观点，更不要强迫别人接受自己的观点，因为这样很可能会激起对方的反抗情绪。你可以把自己的观点"包装"一下，巧妙地"伪装"成对方的观点，那样对方自然就不会反驳了。

人们通常有一个缺点：和别人沟通时，往往会以自我为中心，觉得自己的观点比别人的观点更正确；总想着说服别人，最终往往谁也无法说服谁。

其实，我们没必要把自己的观点硬生生地灌输给别人，把自己的观点"包装"一下，变成对方的观点，那样效果往往更好。正如卡耐基所说："在说服他人时，假如你只是提出自己的意见，但是最后的结果是让对方通过思考得出的，让对方在潜意识中认为那个观点就是他自己想出来的，这样往往更能说服他人。"

从大学校长到美国总统，威尔逊的经历颇具传奇色彩。他博学多才，被学生们誉为"学问之父"。不过，任何事物都有两面性，博学多才的威尔逊相当自负，听不进任何人的意见。他的下属们甚至给他取了一个外号，叫"史前之门"。这个外号的含义是，他就像是用史前巨木打造而成的门，一切有新意的观点或建议都会遭到他的拒绝。

尽管威尔逊总统有"史前之门"之称，但他的助理豪斯却能成功地把自己的观点传达给他。

一次，威尔逊开完会后，豪斯满怀希望地找到他，条理清晰地陈述了自己的观点。那是一个经过深思熟虑才提出的观点，已经规划了很长时间，豪斯自认为自己的观点很成熟，不可能被拒绝。可是，尽管豪斯说得激情洋溢，但威尔逊还是拒绝了他的观点。威尔逊像回答其他同事一样："我丝毫听不明白你在说什么，也许你说的不过是废话而已。等我想听废话的时候，一定会邀请你再讲一遍。"遭到威尔逊的拒绝后，豪斯非常失望，不过，他却以为是自己的观点不够好。

但是，在几天后的一次酒宴上，豪斯遇到了一件令他十分震惊的事情。原来，威尔逊当着众人的面陈述了一个观点，而那个观点正是他前几天所说的，可是威尔逊竟然把它当作自己的观点一样说了出来。

从此之后，豪斯终于变得机灵了，明白了当初威尔逊为什么会拒绝自己的方案，也学会了怎样向威尔逊进言献策。他总是选择没有人在场的情况下，把自己的观点"包装"一下，不着痕迹地"植入"威尔逊的脑海里，让威尔逊把它当成自己的观点。

后来，豪斯一直用这个方法向威尔逊提建议，当然他提出的建议被采纳的成功率也非常高。

在工作中，员工经常会向领导提出自己的意见，这既是员工的义务，又是员工的职责。可是，不懂得说话技巧的员工，提出的意见很难得到领导的认可。这样时间一长，就会使自己的自信心受到打击。尤其是那些经过深思熟虑的计划，你自己认为是非常优秀的，是值得采纳的，可是依然遭到领导的拒绝，更会加深挫败感。

　　实际上，领导拒绝员工提出的意见或观点，很可能并不是因为员工的意见不够好，观点不够独特，而是因为领导和员工所处位置不同，以至于心态也有很大的不同。要想让领导接受自己的观点或意见，你也可以像豪斯一样，把自己的观点"包装"一下，巧妙地"伪装"成对方的观点。然后引导对方亲口说出这个观点，从而达到说服对方的目的。

投其所好，激发对方的沟通欲望

与人沟通时，迎合对方的心理需要，说一些对方想听的话，更能激发对方的沟通欲望。对方甚至会把你奉为知己，觉得你太了解他了，自然愿意和你多聊几句。迎合对方的心理需要，对方才愿意听你说话，才相信你说的话，你们之间的沟通才会有效。

不知道你是否有过这样的体验：你正在思考一件事，而对方却在滔滔不绝地讲述另一件毫不相关的事，你想立即结束交谈。比如，你刚刚结束了一天的工作，想躺在床上好好地休息一下，此时朋友却登门拜访，向你讲述他遇到的那些鸡毛蒜皮的事。相信你肯定会兴致索然、不耐烦地应付这个"不速之客"。

而如果你的朋友换一种表达方式，先问你："工作了一天，一定特别累吧？是不是很想睡一觉？"你也许会把他奉为知己，觉得他太了解你了，自然愿意和他多聊几句，也就顾不得自己累不累了。这就是迎合对方的心理需要所显现的效果。

可见，与人沟通时，迎合对方的心理需要，说一些对方想听的话，更能激发对方的沟通欲望。因此，我们在开口前，应该先搞清楚对方的兴趣点，弄明白对方有哪些心理需要，然后再投其所好，迎合对方的心理需要。

赵磊的电脑坏了，于是他打电话给电脑维修公司。

接通电话后，赵磊问技术员："您好，我的电脑无法上网，应该是某个地方坏了，我想咨询一下是怎么回事。"

技术员没好气地说："你必须把电脑带来呀，不检查一下我怎么知道你的电脑哪里坏了？"

赵磊对技术员的话很反感，但是为了修好电脑，他只好接着说："我不小心拽了一下电脑的接口处，应该是把网线或其他线拽松了，所以上不了网。不知该怎么办？"

技术员不耐烦地说："那也要先检查一下才知道呀，我又不是神仙，没有未卜先知的能力，不检查怎么知道？"

赵磊再也无法忍受这名技术员的态度，于是挂断了电话，又拨通了另一家电脑维修公司的电话。

接通电话后，技术员问："您好，请问有什么可以帮助您的？"

赵磊说："您好，我的电脑无法上网，想咨询一下是什么原因。"

技术员问："没问题，先生！很高兴为您服务。请问您的电脑最近有什么异常吗？"

赵磊说："是这样的，我不小心拽了一下电脑的接口处，应该是把网线或其他线拽松了，所以上不了网。我买了一个USB网口转换器，使用了一段时间，可是今天又不能上网了。准确地说，现在可以上网，但是网速非常慢，十几分钟才能打开一个网页。"

技术员说："原来是这样！您使用的是USB网口转换器，网速慢是可以理解的。这样吧，您换一个电脑原装网口，相信上网就没什么问题了。"

赵磊连忙问："那如果换一个电脑原装网口，需要花多少钱呢？"

技术员说："花不了多少钱，别的地方我不太清楚，在我们店几十块钱就能搞定！"

赵磊高兴地说："既然这样，那我明天就带着电脑去你们店修可以吗？"

技术员说："当然可以。请问先生您贵姓？"

赵磊回答说："免贵姓赵。"

技术员说："好的，赵先生！请您给我留一个电话号码，稍后我会把我们公司的详细地址和联系电话以短信的方式发送到您的手机上。同时我这里还会做一个备案，以便做好您的接待工作，节约您的宝贵时间。"

赵磊毫不犹豫地说："好，我的电话是……"

赵磊在两家电脑公司咨询的问题是一样的，得到的结果其实也大同小异，最终都是要求赵磊带着电脑到店里维修。不过，第二家电脑维修公司更能迎合赵磊的心理需要，告诉他电脑应该怎么修，以及维修需要花费多少钱。赵磊最关心的是电脑维修公司打算怎么修，需要收取多少维修费。第一家电脑维修公司没有迎合赵磊的心理需要，表现出不耐烦的情绪，最终错过了这笔生意；第二家电脑维修公司迎合了赵磊的心理需要，耐心地解答了赵磊最关心的问题，最终说服赵磊留下联系电话，带着电脑到店里维修。

要想顺利地说服对方，就要让对方从你的话语中感受到你的真情，这就要求你在说话时一定要迎合对方的心理需要，说一些对方喜欢听的话。因此，开始和对方接触时，你就要试图洞悉对方有什么样的心理需要。

但是，每个人都有自我保护意识，都不希望自己的心理需要被他人窥探出来，因此你很难真正了解对方的心理需要。此时，最好的解决办法并非没头没脑地迎合对方，而是先说几句体贴的话，让对方感受到你对他的关心。比如，对方看上去很劳累时，你可以不失时机地说："你没有休息好吗？一定要注意休息啊！只有休息好了，身体才能保持健康。别忘了，身体可是革命的本钱呀！"

洞悉对方的心理需要后，你还要知道如何迎合对方的心理需要，知道该说什么、该怎么说。假如你像案例中的第一家电脑维修公司的接线员那样，简单地以为对方的需要就是修电脑，然后建议对方把电脑带到公司检修，那么你将无法赢得对方的信任。

总而言之，要想赢得对方的信任，就要迎合对方的心理需要，态度谦虚一些，说一些对方喜欢听的话。只有这样，对方才愿意听你说话，才相信你说的话，你们之间的沟通才会有效。

劝说他人有技巧

在劝说他人时，如果别人提出的每一个问题，你都用笼统的话来回答，就会给人一种你在搪塞他的感觉。良好的沟通要以相互信任为基础，如果不懂得"5W"技巧，说出的话太过空洞，则很难赢得他人的信任。

假如你给对方留下这种敷衍他的不好印象，势必会减弱对方想要与你沟通的欲望。良好的沟通要以相互信任为基础，如果说话太笼统、太空洞，往往会让人觉得这个人不可信，别人也就不愿意和你掏心掏肺了。为此，我们应该学会"5W"技巧，从而避免说的话太过空洞。

所谓"5W"，指的是：When，什么时间；Where，什么地点；Who，什么人；What，什么事；Why，为什么。准确掌握"5W"技巧，可以让我们的语言变得更加真实，更具说服力。

要想透彻地理解这一点，就要先看一下下面这个例子：

刘强是一家国企的中层领导，同时也是一名大龄"剩男"，然而他自身的条件非常好，一米八的大个儿，俊俏的脸庞……毫不夸张地说，他几乎符合所有女孩心目中白马王子的形象。但他今年已经32岁了，却依然单身。为了摆脱单身状态，他参加了一个相亲节目。

　　参加相亲节目的男女双方对彼此都缺乏了解，自然少不了一番寻根究底的问询，爱好、工作、计划、生活习惯更是双方不可不提及的话题。

　　一次，一个女孩问刘强："如果我们有缘在一起，还要像现在这样分居两地吗？你准备怎么解决这个问题？"

　　刘强不假思索地说："你根本不用担心这个问题，对我来说，这个问题很好解决。"

　　那个女孩嘴唇动了动，似乎还有什么话没说出口，但是终究什么话都没说，只是把面前的灯灭掉了。刘强大惑不解，不知道自己的话怎么得罪了这位女孩。

　　录制完节目后，刘强找到这位女孩，问她："我觉得自己的回答没什么问题，不知道你为什么会选择灭灯？"

　　这位女孩微微一笑，淡淡地回答："你的回答太空洞了，很难让人信服。我问你怎么解决两地分居的问题，你告诉我这个问题很好解决，却没详细说明是你到我那里，还是我到你这里，也没有说明什么时候解决，让我怎么相信你呢？"

　　刘强大为震惊，没想到女孩竟然想了这么多。他对女孩说："假如你的工作不方便调动，我可以去你那里工作。因为我们公司每年都有几个调动的指标，我想要调动到你所在的城市并不是什么难事。假如没什么意外的话，一年内就可以完成调动。我这么回答，不知道你是否满意？"

　　这位女孩什么话都没说，只是不好意思地笑了笑。后来，这位女孩成了刘强的妻子。

在节目现场，刘强的回答给人的感觉是"这不是问题，你只需要跟我走就行了，什么都不用管"。其实，这种说法太空洞，歧义也很大，并没有任何说服力。

我们身边像刘强这样的人有很多，由于说出的话缺乏内容，所以显得干巴巴的，给人留下特别空洞的印象，无法赢得他人的信任。其实，很多时候我们只需要利用"5W"技巧，就可以言之有物，使自己说的话变得充实，且更有魅力。

在第二次回答女孩的问题时，刘强就在无意中运用了"5W"技巧。什么时间——一年内，时间很具体；什么地点——我去你那里，地点明确；什么人——我，人物清晰；什么事——调动工作，没有歧义；为什么——调动工作并不是什么难事。

对于一个人来说，不论他拥有多么漂亮的外表，多么高的学历，多么卓越的能力，假如不懂得"5W"的说话技巧，一张嘴说出的话却空洞无物，缺乏吸引力，那他也就没什么魅力可言了。

"5W"说话技巧可以让我们的语言更有条理，让我们说出的话内容更充实，说服他人的效果更好。要想言之有物，让自己的语言变得更有魅力，就要从细节上着手，使你完美地回答"5W"中所包含的问题。

达·芬奇在《笔记》中写道："人有很强的说话能力，但是他的大部分话是空洞的、骗人的。动物只有一小点点说话的能力，但是那一小点点却是有用的、真实的。说话宁可少一点、准确一点，也不要大量的虚伪。"因此，需要注意的是，运用"5W"技巧虽然能让我们的话语更有条理，但是一定要建立在实话实说的基础上。

先果后因，引着对方听下去

先说结果，再详述原因，往往能够引起对方听下去的兴趣，同时还可以条理清晰、详略得当地把事情的原委讲清楚。

对方能否理解你的话是沟通的关键。不管你要说什么，都不要忘记你的最终目的是让对方理解、接受。因此，表达自己的意思时，要以使对方更容易理解为最终目标，要站在对方的角度，说让他容易理解的话。

同样一段话，先详述原因再说结果，与先说结果再详述原因会产生不一样的效果。先说结果，再详述原因，这样说出的话条理清晰，重点突出。

研究发现，先说结果再详述原因，往往能够引起对方听下去的兴趣，同时还可以条理清晰、详略得当地把事情的原委讲清楚。不管我们说什么，最终目的都是希望对方能够理解；而先说结果再详述原因，是把复杂的问题按照简单的逻辑说出来，更容易让人理解。因此，在平时与人交流时，我们应该通过这种方式激发对方听下去的兴趣。

有一家公司要为总经理招聘一位秘书，经过层层筛选，最后只剩下两个人，但是，总经理的秘书只需要一个人，两个人不得不来一场较量。

为了留下一位最优秀的人，人事部出了这样一道题：总经理吩咐，本周四下午 2 点开公司会议，要求所有部门的主管都准时参加。可是，策划部的主管郭总要约见一位重要的客户，不能按时参加；销售部的主管刘总出差了，周五上午才能赶回；售后服务部的何总离总部比较远，周五上午才能赶回总部。请问，如何安排这场会议？请安排好后，向总经理汇报你的计划。

第一位面试者回答说："总经理，策划部的主管郭总要约见一位重要的客户，不能按时参加；销售部的主管刘总出差了，周五上午才能赶回；售后服务部的何总离总部比较远，周五上午才能赶回总部。所以，我建议把原定于本周四下午 2 点召开的会议改到本周五上午 10 点召开，您看行吗？"

第二位面试者回答说："总经理，我建议把原定于本周四下午 2 点召开的会议改到本周五上午 10 点召开，不知道您怎么看？因为策划部的主管郭总要约见一位重要的客户，不能按时参加；销售部的主管刘总出差了，周五上午才能赶回；售后服务部的何总离总部比较远，周五上午才能赶回总部。"

最后，第二个应聘者被录取了。

两个人说出的话没什么不同，只是顺序不一样而已。第一位应聘者怎么也想不到自己错在了哪里，该说的话一句也没有落下，怎么就没有被录取呢？原来，关键就在于，第一个应聘者虽然把事情都讲清楚了，但是逻辑混乱，没说出重点。而第二个应聘者先说了结果，再详述原因，对方不需要费脑子思考，立即就能明白他表达的是什么意思。

要想说服一个人，首先要注意说话的逻辑，搞清楚怎样说才

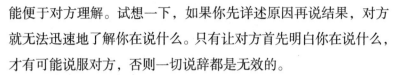

能便于对方理解。试想一下，如果你先详述原因再说结果，对方就无法迅速地了解你在说什么。只有让对方首先明白你在说什么，才有可能说服对方，否则一切说辞都是无效的。

物价上涨了，工资却没有涨，女主人王娟越来越觉得有必要节约一些不必要的开支，省下一笔钱以备不时之需。老公平时花钱总是大手大脚的，今天请这个吃饭，明天又请那个吃饭，甚至花很多钱买游戏装备，一点儿也体会不到过日子的艰辛。

王娟很清楚，如果先说一大堆原因，告诉老公物价越来越高了，开销越来越大了，工资却丝毫没有涨，这样继续下去，很可能会入不敷出。如果再提出节约开支的建议，老公很可能会摸不着头脑，也就不容易说服固执的老公。

为了便于老公理解，王娟采用了先说结果，再说原因的方法，对老公说："亲爱的，我觉得咱们应该节约开支。我给你分析一下啊，如今的物价上涨得越来越厉害了，咱们家的开销也越来越大，每个月刚发的工资，没过几天就没了，这样下去咱们会入不敷出的。假如以后生活中出现什么急事，咱们是很难应付的。你觉得呢？"

王娟首先说明结果"我觉得咱们应该节约开支"，而不是先详述原因"如今的物价上涨得越来越厉害了，咱们家的开销也越来越大……"。如果她反过来，先详述原因，再说结果，恐怕她老公听到最后也未必明白她想说的是节约开支的事，没准会误以为她在埋怨自己工资少、没能力，极有可能引发一场争吵。

所以，我们在说服他人时，应学会先言简意赅地说结果，再根据结果详述原因。这样可以保证你从复杂的事情中理清头绪，建立一定的逻辑顺序，便于他人理解你的意思。

利用同理心引发共鸣

你在与人说话时，有没有遇到过这种情形：对方脸上露出了期望的神情，但却在听到你说了两三句之后转移了视线，显得失望和兴趣全无。很明显，你的话没能引起对方的兴趣，更没能引发他的共鸣，对方觉得与你谈话没有意思。若遭遇这种局面，你满心期盼与其相谈甚欢的愿望算是无法实现了。

不能引发他人的共鸣，你可能无法成为一个好的组织者、领袖人物。当我们处于一个群体当中时，最忌讳一个人唱独角戏。如果仅仅让他人听你说话，却没有回应，这不是成功的交流。成功的交流应能营造出让众人畅所欲言的环境。要做到这点，就要寻找到能引起大家共鸣的内容或话题。

与人交谈时要投其所好，避人所忌。在谈话中，没有人会对自己不感兴趣的话题投入过多的热情，而如果遇到自己感兴趣的话题，他们常常会情绪激昂地参与进来。

说话的最高境界，是善于利用巧妙的语言，把话说到人的心里去。这不是一件容易的事情，它要求说话者具备很强的洞察力，能够了解他人心中所思所想，说出他人心中最想听的话语。什么样的话能够说到人的心里去呢？它必定是贴心的，能说中对方正在思考或忧虑的事，使人顷刻之间拨云见日。这不一定是赞美和奉承，也不一定是多么冠冕堂皇的话，而是能让他人产生正面情绪的话语。

如何把话说到别人心里去，从而引起共鸣，口才专家总结了如下几点：

1. 学会倾听

得知对方的心理活动，这就要求我们懂得倾听，或者在开口之前能够收集到足够多的资料与信息。依靠这些东西，我们能够了解对方所忧虑的事情，比如他此刻的心情是困窘、烦恼，还是悲伤。

2. 理解对方

深入了解对方的心理活动，才能说出符合时宜的话来。例如，当你的某位好友因为在外地发展不好而回到家乡，正好同学聚会，其他同学都对他说"还是回来好啊，在外面多辛苦啊，你早该回来了"之类的话时，你不一定要附和，因为他可能正在为梦想无法实现而沮丧。你可以这样对他说："无论在哪儿，你都能实现抱负，只要你愿意！"这样才是说到了对方的心里。

3. 揣测对方心理

和小孩沟通，不能忽略他的纯真；和少年沟通，不能忽略他的冲动；和青年沟通，不能忽略他的自尊；和老人沟通，不能忽略他的尊严；和男人沟通，不能忽略他的面子；和女人沟通，不能忽略她的情绪；和上级沟通，不能忽略他的权威。尤其需要注意的是，老人虽然没有精力和体力了，但他们有经验和阅历，当经验和阅历受到尊重，那么，知识和文明就得以传承。总之，我们要真正懂交谈的对象，才能说对话。

要想打开交际的大门，就要学会对着对方心窝说话，让美好动听的语言走进对方的心田。找准话题，才会使沟通良好地进行下去；谈论别人感兴趣的事物，才能深刻了解他人并与之愉快相处；了解对方的需求、理解对方的难处、谅解对方的过失，才能真正引发对方的共鸣。